KBS 특별기획

미국의 부활

일러두기
1. 인명과 지명은 국립국어원의 외래어표기법을 따라 표기하였다.
2. 원화로 표기된 금액은 다음 환율을 적용하여 환산하였다.
   1달러 = 1,200원
3. 본문에 사용한 기호의 쓰임새는 다음과 같다.
   《 》: 단행본
   〈 〉: TV 프로그램, 영화, 잡지

KBS 특별기획

미국의 부활

KBS 〈미국의 부활〉 제작팀 지음

가나출판사

위기를 극복한
미국 경제의 저력은 무엇인가?

2008년 미국에서 시작된 금융위기로 세계 경제가 흔들렸다. 미국 4대 투자은행 중 하나인 리먼 브라더스의 파산 신청은 경제위기의 신호탄이 되었다. 뒤를 이어 대형 투자은행들의 파산, 주택 가격의 하락, 중산층의 몰락, 은행들의 지급불능 상태, 실업자들의 갑작스러운 증가 등이 해일처럼 미국 경제를 덮쳤다. 금융 분야에서 시작된 위기가 실물경제의 위기를 낳으며 미국 경제를 심각한 불경기로 몰아넣은 것이다.

당시 많은 이들은 미국 경제의 몰락을 예고했으며 세계 최고의 경제 강국인 미국이라 해도 이번에는 쉽게 회복될 수 없을 것으로 예측했다. 하지만 그랬던 미국이 다시 살아나고 있다. 경제성장률과 실업률, 소비 지수 등 모든 경제 지표가 금융위기 이전 수준으로 회복되며 미국의 부흥을 가르키고 있다.

미국의 경기회복 신호는 미국 부동산 시장의 변화에서도 찾을 수 있다. 부동산은 2008년 금융위기 주범 중 하나였고 거품이 꺼지면서 부동산 가격이 폭락했었다. 그런데 미국의 상업용 부동산 가격이 금융위기 직후와 비교할 때 2배 가까이 올라 기업들의 투자가 늘어나고 있음을 보여주고 있다. 주택 거래량도 늘어 빠르게 가격을 회복 중이다. 주택시장의 활성화는 부동산뿐 아니라 각종 건설자재, 토목업, 운송업, 금융업 등의 발전까지 이끌어내고 있다. 해외로 나갔던 공장들이 다시 미국으로 돌아오고 있고, 침체되었던 자동차 산업도 다시 회복되고 있다. 미국이 단시간에 최악의 경제위기를 극복하고 이렇게 부활할 수 있었던 이유는 무엇일까.

불황을 딛고 미국이 다시 일어설 수 있었던 데에는 '첨단산업'의 역할이 컸다. 지금 전 세계는 제4차 산업혁명이라고 부르는, 인공지능, 로봇기술, 생명과학이 주도하는 차세대 산업혁명이 가져올 경제적·사회적 변화에 주목하고 있다. 미국은 오랫동안 첨단산업에서 독보적 위치를 점해왔다. 미국은 경제위기 속에서도 21세기 산업이 자국의 과학기술과 연구개발에 의존하게 될 것이라는 강력한 믿음으로 과학·기술 혁신을 위한 투자를 유지해왔다. '기업가정신'으로 무장한 민간 기업들의 노력 또한 정보통신기술과 융합한 첨단산업을 발전시키며 세계를 선도하는 데 중요한 역할을 하고 있다.

국가 차원의 투자, 대학과 산업의 연계, 혁신기술에 대한 끊임없는 연구, 전 세계에서 몰려드는 풍부한 인력풀 같은 저력을 바탕으로, 미국의 첨단산업은 공상과학 같은 상상을 현실로 바꾸고 있다. 미국은 기존의 제조업에서 업그레이드된 첨단제조업으로 발전시킴으로써 수많은 일자리를 창출했다. 사형선고를 받다시피 한 자동차 산업을 부활시켜 또다시 자동차 산업의 주도권을 쥐었다.

미국이 경제위기를 극복한 데에는 '셰일오일(shale oil)의 개발'이라는 혁명적 사건도 빼놓을 수 없다. 셰일오일의 개발로 다량의 에너지를 저렴하게 확보함으로써 다양한 분야의 산업을 활성화할 수 있는 동력을 얻은 것이다. 셰일오일은 지하 깊숙이 숨어 있어 첨단기술이 없으면 캐낼 수 없는 에너지원이다. 미국은 그런 셰일오일을 세상 밖으로 꺼내는 데 성공했다. 이제 미국 경제는 다시 한 번 전성기를 맞이하며 새로운 모습으로 세계를 주도할 기세를 보이고 있다. 미국이 부활하는 시대, 산업과 경제의 패러다임이 급속히 바뀌고 있다.

우리는 미국 경제가 부활한 원인을 '첨단산업', '제조업', '셰일'이라는 세 가지 프레임으로 분석했다.

1부 '첨단산업의 리더'에서는 미국의 첨단산업이 어느 수준까지 와 있는지와 세계 최고의 자리를 차지할 수밖에 없었던 이유를 심도 깊게 다루려고 한다. 2부 '제조업 르네상스'에서는 기존의 제조업을 업그레이드한 첨단제조업과 미국으로 다시 생산 공장을 옮기는 리쇼어링을 통해 제조업을 부활시킴으로써 일자리가 창출되고 중산층이 살아나면서 경기가 회복되어간 과정에 대해 설명하고자 한다. 3부 '셰일혁명'에서는 세계 각지에 존재하지만 기술 부족으로 채굴하지 못했던 셰일을 미국은 어떻게 채굴할 수 있었으며, 미국과 세계에 셰일이 미친 영향을 살펴보고자 한다. 이 같은 분석으로 우리는 미국 경제의 부활이 세계 경제에 미칠 영향과 한국 경제가 나아갈 방향을 모색하고자 한다.

KBS 특별기획 〈미국의 부활〉 제작팀

목차

PART 3
세일혁명

PART 1

첨단산업의 리더

01

전 세계 **자동차 시장**을 뒤흔든
최첨단 전기자동차

완전히 새로운 전기자동차의 탄생

2015년 9월, 세계는 신생 자동차 업체 테슬라의 신차 발표회에 주목했다. 테슬라는 이미 이전에 출시했던 제품들을 통해 전기자동차도 가솔린 엔진 자동차만큼이나 아름다운 외양을 가질 수 있으며, 주행거리나 속도에 있어서도 뒤처지지 않는 기술력을 구현할 수 있음을 보여준 바 있었다. 이 때문에 테슬라의 신차에 대한 기대는 높을 수밖에 없었다. 그 기대를 한 몸에 받으며 전시회장으로 들어선 테슬라의 CEO, 엘론 머스크는 모델 X를 대중에게 공개하며 이렇게 말한다.

"모델 X, 당신이 사랑할 차입니다."

신차가 소개되기만을 기다렸던 기자들의 카메라 플래시가 여기저기서 터졌다. 세계 최초 SUV 전기자동차인 모델 X가 첫 선을 보이는 자리, 사람들의 관심은 뜨거웠고 선주문만 3만 대를 육박했다. 뒤이어 미국을 비롯해 유럽 여러 나라에서는 혁명적인 테슬라의 모델 X에 대해 앞다퉈 보도했다. 전 세계는 테슬라의 움직임에 주목하면서 신차가 출시될 때마다 감탄과 환호를 보내기 시작했다.

신생 자동차 회사 테슬라의 성공 열쇠는 '혁신적인 기술'에 있다. 전기자동차는 골프장 카트카 정도의 쓰임새 이상이 될 수 없다는 편견을 테슬라는 완전히 무너뜨렸다. 테슬라는 전자, 모터, IT 분야의 여러 가지 혁신기술들을 융합해 새로운 관점의 전기자동차를 탄생시켰다.

또, 배터리 용량을 획기적으로 늘려 자주 충전할 필요가 없으며 충전이 필요할 땐 테슬라 전용의 급속전기충전기인 슈퍼차저에서 무료로 충전할 수 있는 편리성까지 더했다. 하지만 사람들이 테슬라 전기자동차에 열광하는 가장 큰 이유는 다른 데 있다. 바로 차에 내장된 첨단 디지털 기기 때문이다.

테슬라의 전기자동차는 차키를 꽂을 필요도, 시동 버튼을 누를 필요도 없다. 운전석에 앉아 그냥 기어를 넣기만 하면 차가 스스로 알아서 준비하기 때문이다. 차에 내장된 17인치 스크린을 통해 차의

❚ 새로운 개념의 자동차를 선보인 테슬라. 엔진 없이 모터와 배터리로만 움직이고 첨단 IT 기술
이 결합돼 휴대전화로 차 상태를 확인하고 조정할 수 있다.

현재 상태를 점검하고 작동시킨다. 충전이 필요하면 전국에 있는
5,000여 개의 전기자동차 충전기의 위치를 바로 파악한다. 자동차이
면서 동시에 컴퓨터로 작동하는 스마트 기기인 셈이다. 개인 휴대전
화와 자동차가 연동되어 있어 차의 위치, 충전 상태 등을 어디서나
확인할 수 있다.

테슬라는 미국 전역에 테슬라 전용 급속전기충전소를 설치하여 사용자들이 무료로 충전할
수 있도록 하고 있다.

크리슈나 사라스왓
스탠퍼드대학교 전자공학과 교수

테슬라는 완전히 새로운 개념의 전기자동차입니다. 전자기술, 통신

기술, 모터기술 등 많은 혁신적인 신기술을 융합해 만들어졌습니다.

사람들은 다른 전기자동차들과는 차별화된 테슬라만의 아이디어들

을 사랑합니다. 정말 대단한 성공신화죠.

테슬라의 모델 S는 시속 100km로 가속하는 데 걸리는 시간이 2.7

초에 불과하다. 최대 속력은 시속 250km까지 올라가서 기존 전기자

동차의 한계를 넘었다.

성능뿐만 아니라 가장 중요한 안전 문제에서도 좋은 결과를 냈다.

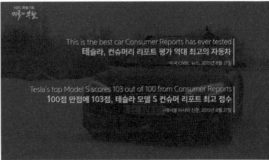

▌모델 S는 미국 도로교통안전국 테스트에서 만점, 컨슈머 리포트 평가에서 역대 최고 점수를 받았다.

모델 S는 미국 도로교통안전국에서 실시한 테스트에서 만점을 받았다. 유럽에서 시행한 안전테스트의 앞면 · 옆면 · 후면 충돌시험에서도 만점인 별 다섯 개를 얻었다. 또, 컨슈머 리포트 평가에서 역대 최고 점수를 받으며 전 세계 언론의 극찬을 받았다.

테슬라가 가진 첨단기술의 핵심은 자체 개발한 모터와 배터리에 있다. 엔진에 해당하는 두 개의 모터는 그 누구도 시도하지 않았던 구리 실린더를 사용해 가솔린 자동차의 엔진보다 출력이 3배나 좋다. 배터리는 더 파격적이다. 기존 전기자동차 업체들은 하나의 큰 리튬이온 배터리 개발에 매달렸다. 하지만 테슬라는 작은 리튬이온 배터리 7,000여 개를 연결해서 배터리 용량을 획기적으로 높였다. 그 결과 기존 전기자동차보다 주행거리를 3배나 늘릴 수 있게 되었다.

전기로 움직이는 전기자동차에서 가장 중요하면서도 핵심이 되는

테슬라 배터리 팩 구조
약 7천 개의 작은 리튬이온 배터리 셀을 규칙적으로 배열

┃ 테슬라 첨단기술의 핵심인 배터리. 기존의 방식과 달리 작은 리튬이온 배터리 7,000여 개를 연결함으로써 배터리 용량을 획기적으로 늘렸다.

것은 배터리인데, 이 배터리의 성능이 좋더라도 지나치게 무거우면 자동차가 속도를 낼 수 없다. 충전 시간이 길어도 문제다. 급히 운전할 일이 발생했을 때 대처능력이 떨어진다. 저장 용량이 작으면 한 번의 충전으로 오래 달릴 수가 없으며 배터리 과열로 폭발 위험성까지 있다. 이 때문에 전기자동차의 배터리는 무겁지 않으면서도 성능이 좋고, 충전시간이 짧으면서도 한 번의 충전으로 오랜 주행이 가능해야 하며, 과열되어 폭발하는 문제가 없도록 안전장치가 설치되어 있어야 한다. 그런데 테슬라가 뛰어난 기술력으로 바로 이러한 배터리를 만들어낸 것이다.

과히 혁명적이기까지 한 배터리 기술력은 전기자동차를 가솔린차

와 비교해도 손색 없을 정도의 기능을 장착할 수 있게 했다. 테슬라
는 어떻게 이러한 기술력을 가지게 된 것일까.

찰리 알콕
포틀랜드 GE(전력회사) 디렉터

테슬라는 아주 좋은 자동차를 만드는 전자제품 회사라고 볼 수 있습
니다. 테슬라의 등장으로 자동차 회사들은 단순히 자동차만 파는 것
이 아니라 고객을 위해 편리한 환경과 새로운 삶의 방식까지 제공하
는 것임을 깨닫기 시작했습니다.

작은 공장에서 시작된 혁신

전자결제 회사 페이팔의 창업자
중 한 명인 엘론 머스크는 2003년, 차고 같은 작은 공장에서 전기자
동차 전문회사 테슬라를 창립했다. 테슬라는 창립 당시 두 가지 측면
에서 화제가 되었다. 하나는 자동차 회사가 이례적으로 실리콘밸리
에서 시작했다는 것이고, 다른 하나는 전기자동차만 전문적으로 생
산하는 회사라는 것이다.

전기자동차와 관련된 기반시설이 마련되어 있지 않은 데다 시장성도 확보되지 않은 현실에선 '전기자동차 전문회사'로 나서는 것은 위험부담이 상당한 일이었다. 따라서 당시 30대 초반의 젊은 기업가인 엘론 머스크의 행보는 많은 이들에게 무모한 도전처럼 보였다. 그럼에도 엘론 머스크는 전기자동차 전문회사라는 기치를 포기하지 않았다.

그가 이렇게 전기자동차를 고집한 이유는 사업적 성공만이 아닌 친환경 에너지 문제를 해결할 수 있다는 가능성이 있어서였다. 눈앞의 이익에만 급급해 환경 문제를 도외시하면 장기적으로 인류는 화석연료에서 자유로워질 수가 없다. 그는 환경 문제에 대한 장기적인 접근이 필요하며 지금부터 차근차근 준비해야 한다고 생각했다.

엘론 머스크는 인류에게 가장 중요한 과제를 '인터넷, 항공우주산업, 친환경 에너지'로 꼽았다. 그리고 그는 이 세 가지를 위해 자신이 할 수 있는 모든 것을 하기로 했다. 전기자동차는 바로 '친환경 에너지'를 실현시킬 수 있는 하나의 수단이었다. 그가 생각하기에 전기자동차 보급을 통해 배기가스를 줄이는 일은 인류의 미래에 아주 중요한 일이었다. 전기자동차는 언젠가는 꼭 필요하며 누군가는 꼭 만들어야 했다. 엘론 머스크는 테슬라가 어둠을 비추는 한줄기 빛 같은 역할을 함으로써 전기자동차 도입을 5~10년은 더 앞당길 것으로 믿었다. 이를 위해선 전기자동차가 기존 자동차만큼이나 매력적인 외

엘론 머스크,
2010년 테슬라 모터스 나스닥 상장

스포츠카 '로드스터' (2008년 테슬라 첫 모델)

▎ 테슬라의 창업자인 엘론 머스크(좌)와 혁신적인 기술로 테슬라가 세계 최초로 만든 전기 스
포츠카 '로드스터'(우)

양에 뛰어난 성능을 장착해야 했지만 그 길은 결코 쉽지 않았다.

당시 전기자동차의 기술력에는 한계가 있었다. 기존의 전기자동차 대부분은 속도, 주행거리 등의 기술적 측면에서 가솔린 자동차에 비해 상당히 뒤쳐져 있었다. 그럼에도 테슬라는 창립 5년 만에 전기 스포츠카 '테슬라 로드스터'를 선보여 자동차 기술을 앞당기는 성과를 내게 된다.

벤카테시 나라야나무르티
하버드대학교 공학 및 응용과학부 교수

엘론 머스크는 명확한 비전을 갖고 있고, 기술의 커다란 잠재력을 이해하고 있습니다. 그는 에너지 문제에도 관심이 많습니다. 진정한 비전과 자금력을 바탕으로 전기자동차의 새로운 시대를 열었습니다.

테슬라 로드스터는 기존의 전기자동차에 비해 파격적인 주행거리를 선보였다. 한 번의 충전으로 320km 이상 달릴 수 있었다. 비록 많은 판매로 이어지지는 못했지만 전기자동차도 가솔린 자동차에 못지않은 기능을 가질 수 있음을 증명한 셈이다. 하지만 2008년의 경제위기는 신생 자동차 업체 테슬라에게도 직격탄을 날렸다. 테슬라는 다른 많은 자동차 회사처럼 파산 위기까지 가게 된다. 이때 엘론 머스크는 대대적으로 조직을 개편했으며 사재를 털어 기술 연구에 더욱 박차를 가했다. 2010년에는 증산을 위해 캘리포니아의 한 공장을 인수했다. 이 공장은 1962년부터 미국 자동차 업체인 GM(제너럴 모터스)의 공장이었고, 80년대 중반에는 GM과 도요타의 공동설립 공장이던 곳이었지만 2010년 4월 1일에 만들어진 자동차를 끝으로 문을 닫았다. 금융위기 당시 이곳뿐 아니라 많은 자동차 공장들이 폐쇄되었다. GM 공장만 13개가 폐쇄되었고, 2만 2,000명이 해고되었다. 공장은 최신 자동화 설비를 갖춘 전기자동차 공장으로 탈바꿈되었으며 옛 GM 노동자들 상당수는 다시 일자리를 찾았다.

GM 공장을 인수하던 날 엘론 머스크는 "저는 제조업에 대해 굉장한 믿음을 갖고 있습니다. 어떤 사람들은 제품을 쉽게 베끼라고 하지만 저는 혁신적인 공학 기술이 생산의 질을 높이는 길이라고 생각합니다. 공학 기술과 생산이 서로 발맞추어 가는 게 매우 중요하다고 생각합니다"라고 말하며 전통 자동차와 첨단기술의 결합에 대한

테슬라 공장 생산 시작
2010년 8월

첨단산업의 리더

2008년 금융위기 이후 미국 자동차 산업은 극심한 불황으로 많은 공장이 문을 닫았고 테슬라는 이를 인수해 최신 자동화 설비로 탈바꿈시켰다.

자신의 신념을 밝혔다.

공장을 인수한지 4개월이 지나 테슬라는 전기자동차를 생산하기 시작했다. 2011년, 테슬라는 캘리포니아의 공장에서 신차 '모델 S'의 발표회를 열었다. 모델 S는 테슬라 로드스터의 단점을 대폭 보완함으로써 성능이나 기능 면에서 훨씬 뛰어난 제품이다. 게다가 가격은 테슬라 로드스터의 3분의 2 수준에 불과했다. 이날 행사는 만 명의 선주문 고객들에게 직접 자동차를 전달하는 이벤트로 진행되었다. 사회자의 소개로 연단으로 나온 엘론 머스크는 이렇게 말했다.

"모델 S의 가장 큰 성공은 가장 근본적인 혁신을 이루어냈다는 것입니다. 전기자동차가 세계 최고의 차가 될 수 있다는 것을 보여주었습니다. 그것이 중요합니다."

엘론 머스크는 모델 S의 성공을 확신했다. 그의 확신이 틀리지 않았음을 보여주듯 모델 S는 세계의 주목을 받으며 전기자동차뿐만 아니라 미국의 고급 자동차 시장에서 벤츠나 BMW를 제치고 1위를 차지하는 성과를 냈다. 테슬라는 2015년 포브스가 선정한 혁신기업 1위에까지 오르게 된다. 그리고 2016년 4월, 테슬라는 2017년 말에 출시할 보급형 전기자동차 '모델 3'을 선보였다. 모델 3은 시속 100㎞로 가속하는 데 걸리는 시간이 6초 이내이며, 한 번 충전에 345㎞까지 주행이 가능하다. 그럼에도 가격은 기존 모델보다 파격적으로 낮춘 4,000만 원대에 불과하다. 모델 3은 전 세계 예약판매 대수가 37만

텔슬라는 전기자동차뿐만 아니라 미국의 고급 자동차 시장에서 벤츠나 BMW를 제치고 1위를 차지했다.

대를 기록할 정도로 인기를 끌며 다시 한 번 세계의 주목을 받았다.

테슬라, 자동차 업계의 판도를 바꾸다

1953년 이후로 2007년까지 세계 자동차 산업에서 부동의 1위를 차지해왔던 GM을 두고 미국인들은 한동안 이렇게 말한 적이 있다.

"GM의 이익은 미국의 이익이다."

기술력이나 생산력, 대중성에서 높은 지위를 유지해온 미국은 '자동차의 나라'로 불릴 정도로 자동차 산업에서 타의 추종을 불허해왔다. 그리고 GM은 오랜 시간 자동차로 미국에 거대한 이익을 안겨 주기도 했다. 하지만 2008년 금융위기는 미국 자동차 산업에도 타격을 입혀 GM과 함께 '빅 3'로 불린 크라이슬러와 포드도 파산의 위기를 겪었다. 이후, 미국의 자동차 산업은 침체기에 들어섰다. 그런데 신생기업 테슬라가 모델 S를 내놓은 후 2012년부터 전기자동차 판매량이 크게 늘어나면서 자동차 업계가 변화하기 시작했다.

제프 알랜
오리건 주 자동차 협회장

테슬라는 전기자동차 시장의 판도를 바꿨습니다. 하나의 전환점이 된 자동차입니다. GM 관계자에 의하면, 지난 50년간의 변화보다 큰 변화들을 향후 5~10년간 겪게 될 것이라고 합니다. BMW, 폭스바겐 같은 독일 자동차 업체들도 전기자동차 시장으로 빠르게 옮겨가고 있고, 전기자동차로의 전환을 공개적으로 선포했습니다.

테슬라의 선전은 세계의 많은 기업들에도 영향을 미쳤다. 모든 차량이 전기자동차로 전환하는 대대적인 변화가 수 년 안에 일어날 것이라는 예측 아래 많은 기업들이 본격적으로 전기자동차 시장에 관심을 갖기 시작한 것이다.

찰리 알콕
포틀랜드 GE(전력회사) 디렉터

미국 전기자동차 업계는 2017년부터 시작해서 굉장히 많은 모델을
내놓을 것입니다. 지금은 8~9가지 모델이 있고 내년에는 2배로 늘
어날 것입니다.

구글은 2014년 자체 개발한 자율주행 전기자동차를 공개했다.
2018년 상용화를 목표로 개발 중이다. 테슬라가 최대 경쟁자로 꼽
고 있는 애플도 2019년 출시를 목표로 전기자동차 개발에 들어갔다.
마이크로소프트도 볼보와 제휴를 맺고 전기자동차 개발에 돌입하는
등 세계적인 IT기업들도 전기자동차 시장에 뛰어들고 있다.

기존 자동차 기업들의 움직임 또한 활발하다. GM은 2015년 1월
디트로이트 모터쇼에서 차세대 전기자동차 '볼트'를 선보였다. 볼트
는 한 번의 충전으로 321km까지 주행이 가능하다. 독일 자동차 기업
인 폭스바겐과 BMW도 전기자동차 분야에 합류했다.

한국과 일본 역시 전기자동차 개발에 박차를 가하고 있다. 특히 한
국의 자동차 기업 기아가 2014년에 출시한 전기자동차 '소울 EV'는
미국 오리건 주에서 좋은 판매 성적을 얻기도 했다. 한 번 충전으로
148km를 달릴 수 있는 이 차는 4,000만 원대로 가격적인 면에서도

구글
2014년 자체 개발한 자율 주행 자동차 공개

Apple Targets Electric-Car Shipping Date for 2019
애플, 2019년 전기 자동차 출시 목표
─ 월스트리트 저널, 2015년 9월 21일

▌구글과 애플 등 세계적인 IT기업들도 전기자동차 시장에 뛰어들고 있다.

경쟁력을 가진다.

　테슬라뿐 아니라 기존의 자동차 기업, IT 기업 등이 전기자동차 시장에 뛰어들면서 전기자동차 판매량도 꾸준한 상승세를 보이고 있다. 시장조사업체 B3의 조사에 의하면 2011년엔 불과 100만 대에 불과했던 판매량이 2015년도엔 7배에 가까운 678만 대로 증가했다. 2020년도엔 1,045만 대로 늘어날 것이라는 전망까지 나온 상황이다.

제프 알랜
오리건 주 자동차 협회장

　오리건 주는 현재 자동차 신차 판매의 1.5% 정도가 전기자동차입니다. 우리는 앞으로 10년 동안 전기자동차 수요가 1.5%에서 15%로 늘어날 것으로 기대합니다.

전기자동차 시장의 활성화는 그와 관련된 여타의 사업들을 발전시키는 효과도 있다. 그 대표적인 예가 전기자동차용 배터리다. 시장조사 기관인 글로벌인포메이션은 리튬이온 배터리 매출이 2014년에 60억 달러 미만이었지만 2023년에 이르면 그 4배 이상인 261억 달러로 성장할 것이라 예측한다. 특히 한국의 경우엔 LG화학, 삼성 SDI, SK 이노베이션 등이 전기자동차용 배터리 생산업체로 부각되고 있다. 한국의 배터리 기술은 세계 최고의 수준으로 인정받고 있으며 소형 배터리 시장에선 이미 세계 시장점유율 1, 2위를 다투고 있다.

전기자동차 시장의 전망은 밝다. 세계적으로 환경에 대한 관심이 높아지고 있으며 각 나라의 정부는 탄소 규제 정책을 펼치고 친환경차 육성을 추진하고 있기 때문이다. 이러한 흐름 속에서 테슬라는 전기자동차 시장을 주도하며 자동차 업계의 판도를 바꾸고 있다.

벤카테시 나라야나무르티
하버드대학교 공학 및 응용과학부 교수

장기적으로는 미국이 전기자동차 시장을 주도할 것이라고 봅니다. 테슬라뿐만 아니라, GM 등 다른 자동차 회사들도 전기자동차 시장에 빠르게 뛰어들고 있습니다. 앞으로는 첨단기술이 아주 흥미로운 방식으로 융합되면서 새로운 것들이 만들어질 것입니다. 그것이 제가 보는 미래입니다.

전기자동차 시장을 성장으로 이끈 미국 정부의 정책

전기자동차는 가솔린 자동차에 비해 현격히 떨어지는 기술, 제반시설 부족 등의 이유로 먼 미래에나 상용화가 가능할 것으로 여겨져 왔다. 하지만 에너지 절약, 친환경적 요소는 앞으로 인류가 풀어나가야 하는 숙제이며, 이를 해결하려면 석유 먹는 하마이자 환경오염 주범 중 하나인 가솔린 자동차를 점차 줄이고 전기자동차 사용을 늘릴 수밖에 없다. 이런 이유로 많은 나라의 자동차 기업들은 꾸준히 전기자동차를 연구·개발해왔다. 그리고 미국 기업 테슬라가 혁신적인 기술을 내놓으며 전기자동차 시대를 앞당기는 결과를 가져왔다. 하지만 이는 테슬라라는 기업만의 힘에 의한 것이 아니다.

미국 시장이 전기자동차를 어렵지 않게 받아들인 건 전기자동차와 관련된 제반시설이 확보되어 있기 때문이었다. 미국 전역엔 이미 800여 개의 충전시설이 설치되어 있다. 특히 미국 오리건 주에선 급속충전소가 80곳 넘게 운영되고 있으며 약 300만 명의 주민이 사용하고 있다.

오리건 주 북서부에 위치한 포틀랜드에선 거리 곳곳에 설치되어 있는 전기자동차 충전소를 쉽게 볼 수 있다. '포틀랜드 GE'라는 지역 전기회사가 전기자동차의 이용을 장려하기 위해 고객들에게 무료로 전기를 제공하고 있기 때문이다. 이로 인해 포틀랜드는 미국에서 인구당 전기자동차 시장이 가장 큰 곳 중 하나로 성장했다.

제프 알랜
오리건 주 자동차 협회장

충전시설을 설치하는 데 많은 예산을 사용했고 전기자동차와 관련된 신기술 개발을 장려했습니다. 2011년에 오리건 주는 전기자동차와 관련된 산업들을 미래 산업으로 지정해 투자하기 시작했습니다. 미국의 전기자동차 시장이 성장한 데에는 미연방정부 정책의 역할이 컸습니다.

이처럼 전기자동차 시장이 자리를 잡을 수 있었던 데에는 미연방정부의 뒷받침이 있었다. 오랜 시간 동안 미국 정부는 전기자동차 진흥 정책을 펼치며 충전시설 설치에 많은 예산을 사용했고 전기자동차 관련 신기술 개발을 장려해왔다. 그럼에도 2011년엔 전기자동차 시장을 더 확대시키기 위해 지원정책을 강화했다.

테네시 주, 캘리포니아 주와 델라웨어 주에 전기자동차 공장을 설립하도록 24억 달러의 자금을 지원하는가 하면 핵심 부품인 배터리, 모터 등을 생산하는 30개 기업을 대상으로도 자금 지원이 이루어졌다. 이에 힘입어 전기자동차용 배터리 생산능력이 2011년에는 5만 대 수준이었지만 2015년에는 50만 대로 크게 늘어났다. 또, 주정부에서는 전기자동차 구매 시 세금을 감면해주고 있으며, 40여 개 주에서는 별

▎무료로 전기를 제공하고 있는 충전기가 곳곳에 설치되어 있어 미국에서 전기자동차 사용자가 빠르게 늘고 있다.

도의 인센티브 제도를 운영해 전기자동차의 이용률을 높이는 데 힘쓰고 있다. 그 결과 코트라 자료에 따르면 2010년에 1만 7,000대 수준이었던 미국 전기자동차 판매량이 4년 만인 2014년에는 11만 9,710대로 7배 가까이 성장했다.

우리나라 전기자동차의 미래

2015년 LG전자는 GM의 '쉐보레 볼트' 개발의 전략적 파트너로 선정되었다. LG전자가 전기자동차 생산에 필요한 핵심부품 11종을 공급하기로 한 것이다. LG전자가 공급하는 부품은 전기자동차의 심장이라 불리는 구동모터와 배터리에 해당하는 주요 부품이기 때문에 사실상 LG전자와 GM이 공동개발로 전기자동차를 만드는 셈이다. 이는 LG전자가 전기자동차 개발에 한 발 성큼 나갈 수 있는 성장의 기회이기도 하다. 그런데 GM은 어째서 기존 자동차 부품회사가 아닌 LG전자를 선택했을까.

가전제품 전문회사인 LG전자에서 자동차 부품사업본부(VC)를 출범시킨 것은 2013년 7월이다. 자동차 부품 사업 분야에서는 신생기업이나 마찬가지인 셈이지만 그 규모는 상당히 큰 편이다. 생산, 연구개발, 영업 등 근무 인력만 2,500여 명에 달할 뿐만 아니라 기존의 다른 자동차 부품업체와 비교해도 손색없는 기술력도 보유하고 있다. 원래 세탁기와 냉장고에 사용되는 핵심기술은 모터와 인버터로, 전기자동차에 필요한 구동모터와 연결성을 갖고 있다. 그런데 LG전자는 이 분야에서 이미 최고의 기술력을 갖고 있으며 내비게이션 등의 차량용 통신에서도 탁월한 기술력을 보유하고 있다. 그래서 LG전자는 지금까지 IT와 가전에서 축적해온 기술력을 바탕으로 자동차 부품이라는 새로운 사업에 발을 들여놓을 수 있었을 뿐 아니라 GM의 선택을 받을 수 있었던 것이다.

이 같은 사례는 한국 전기자동차의 잠재적 발전 가능성을 보여주는 일이다. 하지만 현재 한국 전기자동차 보급률은 그리 높은 편이 아니다. 전국에 보급된 전기자동차는 2016년 6월 기준으로 6,600여 대 수준으로 보급률이 0.1%가 채 되지 않는 실정이다. 한국이 이처럼 전기자동차 보급률이 낮은 이유는 그동안 정부와 지자체의 적극적인 지원이 부족했고, 충전시설 같은 인프라가 구축되어 있지 않은 데다 자동차 업체들의 기술 개발도 미흡했기 때문이다. 하지만 세계 전기자동차 시장의 판도가 변화하면서 한국 정부의 전기자동차 보조금 지원이나 충전시설에 대한 정책이 개선되기 시작했다. 정부는 2017년까지 전기자동차 보급을 3만 대까지 늘리는 것을 목표로 전기자동차 1대당 지원하는 정부보조금을 1,400만 원 수준으로 올렸고, 지자체들도 지역별로 300만~800만 원을 추가로 지원하기로 했다. 또, 현재 530개 수준인 급속충전기를 2016년 말까지 1,021개까지 늘리고 2020년에는 3,000개까지 확충할 계획을 밝혔다.

지난해 말 체결된 '파리기후협약' 이후, 화석연료 규제와 친환경 산업에 대한 지원이 늘면서 세계 각국에서는 전기자동차 보급률을 높이기 위해 정부 차원의 적극적인 정책을 활발히 내놓고 있다. 중국은 신에너지 정책을 발표해 2020년까지 전기자동차 500만 대 보급을, 일본은 2030년까지 전기자동차의 비중을 20~30%로 늘리는 것을 목표로 정했다. 이를 위해서 중국이나 일본 정부는 전기자동차 충전소를 설립하고 자금을 지원하고 있다. 유럽의 경우에도 전기자동차 지원 정책이 확대되고 있는 실정이다. 영국은 전기자동차 구매자에게 보조금을 지원하고, 자동차 보유세를 경감시켰다. 프랑스는 현재 1만 6,000여 개의 충전기를 2030년까지 700만 개로 늘리겠다고 했을 뿐 아니라 전기자동차 구입 시 보조금과 무료 주차 지원, 자동차 등록비의 75% 세금감면이라는 혜택을 주기로 했다. 독일은 전기자동차에 무료 충전과 주차를 지원하고, 10년간 자동차세를 면제하는 등의 혜택을 다양하게 실시하고 있다. '전기자동차의 천국'으로 불리는 노르웨이는 2015년 상반기에 판매된 신차의 3분의 1이 전기자동차인 것으로 나타나기도 했다. 노르웨이는 전기자동차 점유율이 12.5%에 달해 세계 최대 전기자동차 보급국가로 꼽히기도 하는데 그 배경에는 노르웨이 정부의 적극적인 지원정책이 있다.

한국에서 그나마 전기자동차 보급이 높은 지역은 제주도다. 제주도는 5년 전 전기자동차 선도도시로 선정된 후 2030년까지 운행 중인 자동차 37만 7,000대를 전기자동차로 교체할 계획을 갖고 있다. 그 계획의 일환으로 2013년 정부와 지방자치 단체는 전기자동차 160대를 민간에 보급하고 전기자동차 구입비와 완속충전기 설치비를 지원해주기도 했다. 또, 2015년 전국 전기자동차 보급 예산의 43.2%가 제주도에서 쓰이기도 했다. 하지만 예산 자체가 적어 전기자동차에 대한 지원이 미비했을 뿐 아니라 급속충전기도 턱없이 부족한 상황이다.

정부는 2017년까지 제주도의 전기자동차 보급률을 4만 6,000대까지 확대하겠다고 했지만 2015년 기준으로 보급된 전기자동차는 겨우 852대에 그쳤다. 이 때문에 2030년에 제주도의 모든 가솔린차를 전기자동차로 바꾸겠다는 야심 찬 계획이 얼마나 현실화될 수 있을지는 좀 더 지켜볼 필요가 있다.

벤카테시 나라야나무르티
하버드대학교 공학 및 응용과학부 교수

제작진 미국이 첨단산업의 강자가 된 이유가 무엇이라고 생각하십니까?

벤카테시 나라야나무르티 미국은 기술에 많은 투자를 하고 있습니다. 장기적인 기술개발의 중요성을 알고, 과학과 기술을 어떻게 접목시켜야 하는지 알고 있어요. 그리고 과학자들과 엔지니어들이 어떻게 일하는지 이해하는 뛰어난 리더십이 있습니다. 저는 미국이 첨단산업을 선도할 수 있었던 비결은 '기업가적 문화'라고 생각합니다.

제작진 기업가적 문화란 구체적으로 무엇을 의미하나요?

벤카테시 나라야나무르티 제가 말하는 기업가적 문화는 실패가 용인되는 문화를 뜻합니다. 실패했다면 그것은 좋은 것입니다. 교훈을 얻고 빠르게 개선하면 돼요. 미국의 경쟁력은 이런 문화적 배경과 혁신적인 리더십 덕분입니다. 구글, 애플 같은 회사도 기업가적 문화의 결과물이라 할 수 있겠죠.

제작진 '자동차계의 애플'이라는 별칭이 붙을 정도로 혁명적인 성과를 낸 엘론 머스크와 테슬라에 대해 어떻게 생각하시나요?

벤카테시 나라야나무르티 저는 '하드웨어기술과 사회'라는 과목을 강의하면서 엘론 머스크의 성과에 대해 집중적으로 가르칩니다. 사업을 위해서는 리더십과 비전, 그리고 적절한 시점을 포착하는 게 필요합니다. 엘론 머스크는 바로 그런 것을 가진 사람이었고, 마침내 전기자동차 산업에 혁신을 가져왔습니다. 테슬라는 여전히 에너지 용량과 배터리 기술 등에 대해 비공개적으로 많은 연구를 하고 있습니다. 이는 엘론 머스크가 기술적인 부분까지 이해하고 있다는 것을 말해줍니다. 혁신은 단지 경영에만 능통하다고 되는 것은 아닙니다. 기술을 이해하고 동시에 경영을 알아야 하죠. 그것이 중요합니다.

제작진 전기자동차 기술과 산업이 계속해서 발전할 것으로 보시나요?

벤카테시 나라야나무르티 지금은 석유 가격이 낮지만 곧 올라갈 건 자명한 일입니다. 석유에 의존한 경제에 벗어나서 다른 대체 자원을 찾아야 합니다. 이 때문에 석유를 사용하지 않아도 되는 전기자동차가 결국엔 발전할 수밖에 없습니다. 다만, 기술 발전의 속도가 문제겠지요. 모든 기술은 그것을 축적하기 위한 시간을 필요로 하는 법이니까요.

제작진 기술 발전 속도를 앞당기기 위한 노력도 필요한데 어떤 것이 있을까요?

벤카테시 나라야나무르티 일단 정부 정책이 뒷받침되어야 합니다. 테슬라 같은 기업이 아무리 좋은 전기자동차를 만들어도 그에 따른 기반시설이 마련되어 있지 않으면 상용화되기 힘들 것입니다. 또, 미국에선 여전히 가솔린에 의존하고 있는데 그 이유는 한국이나 일본보다도 훨씬 저렴한 가격으로 사용할 수 있기 때문입니다. 당연히 전기자동차는 가격경쟁에서 질 수 밖에 없겠지요. 이러한 상황을 타파하기 위해서라도 탄소세를 올리는 등의 공공 정책이 마련되어야 합니다.

02
첨단기술에 **투자**를 **아끼지** 않는다

경제위기 속에서도 계속되는 투자

미국은 2008년 금융위기로 나라가 어렵던 시기에도 첨단산업을 이끄는 선두주자의 자리를 내놓은 적은 없다. 이것은 미국이 경제위기를 이겨나갈 수 있게끔 만드는 원동력이기도 하다.

2015년 국정연설에서 오바마 대통령은 이렇게 말한다.

"전 세계의 21세기 산업은 미국의 과학기술과 연구개발에 의존하게 될 것입니다."

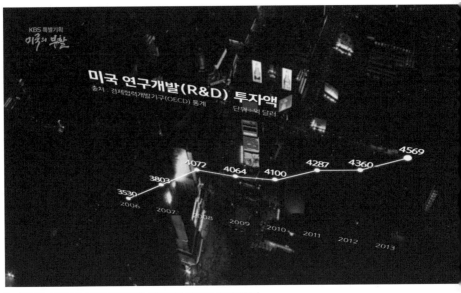

KBS 특별기획
미국의 부활

미국 연구개발(R&D) 투자액
출처 : 경제협력개발기구(OECD) 통계
단위 : 억 달러

3530 2006
3803 2007
4072 2008
4064 2009
4100 2010
4287 2011
4360 2012
4569 2013

▌미국 연구개발 투자액은 금융위기 이후에도 꾸준히 증가해왔다.

실제로 미정부의 연구개발 투자액은 금융위기가 있던 2008년 후에도 끊임없이 증가해왔다. 첨단과학에 대한 투자는 미국 경제의 단단한 뿌리가 됐고, 제조업 혁명으로 이어졌다.

물론 첨단과학의 중요성을 알고 투자를 아끼지 않는 국가가 미국뿐만은 아니다. 하지만 공상과학영화에나 나올 법한 첨단기술을 현실에 재현시키는 일들 중 상당수가 미국에서 나오고 있다. 이는 미국이 첨단과학기술에 투자하는 방식이 남다르기 때문에 가능하다.

일단 미국 정부는 기초과학에서부터 투자를 아끼지 않는다. 가령 오래 전부터 로봇 연구를 진행해온 일본의 경우엔 완성품을 만드는 것에 중점을 둔다. 완성품 로봇은 멋있게 보여야 할 뿐 아니라 커피를 배달하거나 트럼펫을 부는 등 움직임도 있어야 한다. 우리나라의 경우엔 투자하면 당장 결과가 나와 수익으로 이어지는 것에 주로 투자를 한다. 반면, 미국은 기본이 되는 기초과학과 원천기술에 중점을 두고 이에 대한 연구에 많은 돈을 투자한다. 이 때문에 일본의 로봇처럼 당장 눈에 보이는 결과물은 별로 없다. 즉, 새로운 이론이나 기술은 나오지만 멋있고 화려한 데모는 없다. 하지만 어떠한 결과물을 만들 필요성이 있는 경우엔 원천기술이 바탕이 되어 아주 짧은 시간에 만들어낸다.

데니스 홍
UCLA 기계항공공학과 교수, 로봇메커니즘연구소 소장

가장 중요한 것은 미국 정부가 기본적인 원천기술을 밑에서부터 차근차근 지원해준다는 점입니다. 진짜로 필요로 할 때, 언제든지 결과물을 만들 수 있는 기초를 잘 다지는 것이 미국 첨단산업의 가장 큰 저력입니다. 미국에서는 휴머노이드 로봇을 연구하지 않다가, 재난구조를 위해 휴머노이드 로봇이 필요하다고 인식하니까 갑자기 아주 짧은 시간에 우후죽순처럼 대단한 휴머노이드 로봇들이 나오기 시작했습니다.

한 예로 미국에선 5년 전 일본 후쿠시마 다이치 원자력발전소의 사고 후 위험 지역에서 재난 구조용으로 사용할 수 있는 휴머노이드 로봇이 우후죽순처럼 쏟아져 나왔다. 구글의 자회사였던 보스턴 다이나믹스에서 만든 '팻맨'과 '아틀라스', 데니스 홍 교수가 버지니아 공대에서 개발한 구조용 로봇인 '사파이어'와 '토르'가 그러한 목적의 휴머노이드 로봇이다.

이러한 로봇들은 아주 짧은 시간 안에 성공적으로 만들어졌다. 일본이 원전 사고 후 초기 대응 능력이 떨어졌던 건 사람이 발전소 안으로 들어가 밸브를 손댈 수 없었기 때문이었다. 24시간 안에 누군가 밸브 하나만 잠갔더라도 방사능 피해를 줄일 수 있었지만 그렇게 하기엔 방사능 유출이 몹시 심각한 상황이었다. 방사능 유출 공간에 들어가 밸브를 잠글 수 있는 휴머노이드 로봇이 필요한 시점이 되자,

휴머노이드 로봇 '팻맨(Pet Man)'

휴머노이드 로봇 '아틀라스(Atlas)'

▌원전사고 이후 미국에서 재난 구조용으로 사용할 수 있는 휴머노이드 로봇의 개발이 활발히 이루어지고 있다.

미국은 그때를 놓치지 않고 이전엔 전혀 없었던 기능을 가진 로봇들을 내놓았다. 이는 기초가 튼튼한 첨단기술이 있기에 가능한 일이었다.

모든 첨단기술은 대학에서 시작된다

미국의 기술 산업이 21세기의 선두주자가 될 수 있었던 배경에는 새로운 아이디어와 기술을 제공하는 미국 대학들이 자리하고 있다. 막대한 자금과 시간이 요구되는 휴머노이드 로봇의 개발 역시 미국 내 대학연구소의 역할이 컸다. 지금도 대학연구소를 중심으로 로봇 연구는 활발하게 진행되고 있다. 그리고 미국 정부와 기업들은 로봇 연구에 지원을 아끼지 않는다.

세계적인 로봇 공학자 데니스 홍 역시 2004년에 창립한 로봇 연구소 '로멜라'에서 많은 연구원들과 함께 로봇 전체 시스템을 만드는 중이다. 학부 연구원 20명에 대학원생 18명까지 참여하고 있어 그 규모는 상당하다. 이들은 이미 휴머노이드 로봇, 다리가 없는 로봇, 화학적으로 움직이는 로봇, 바퀴 달린 로봇, 암벽을 등반하는 로봇 등 다양한 로봇을 만들어냈다. 그런데 이러한 성과물이 있기까지 연구비, 기자재 구입비, 인건비 등에서 들어간 비용이 만만치 않다.

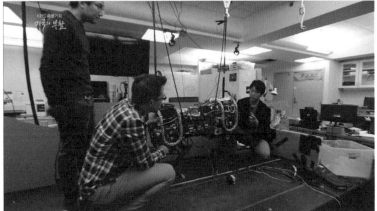

▎UCLA에 있는 데니스 홍 교수의 로멜라 연구소(상)와 MIT 기계공학과의 로봇 연구소(하).
많은 로봇 연구가 미국 정부와 기업들의 지원을 받아 대학 연구소에서 이루어진다.

그렇다면 대학연구소인 로멜라는 어떻게 이 많은 비용을 충당할 수 있었을까.

미국은 대학기초 연구비의 절반을 정부가 지원한다. 특히 상무부산하의 국립과학재단에선 2,000개 이상의 대학 및 연구기관에 교육연구비, 과학기술연구비 등을 지원하고 있으며 고가의 실험장비, 사이버 인프라, 실험도구에 집중적으로 투자하고 있다. 이러한 지원과 투자가 이루어질 수 있는 이유는 두 가지다.

하나는 미국 과학기술 정책의 핵심과제가 연구 성과의 질을 높이는 데 있고, 다른 하나는 거시적인 관점에서 효율적인 시스템을 갖추고자 교육단계에서부터 지속적으로 투자해야 한다는 인식을 바탕에 두고 있기 때문이다. 이로 인해 미국 대학의 연구기관들은 기초과학 연구비용을 확보하는 데 크게 어려움을 겪지 않는다. 하지만 정부 지원금만으로 충당하기 힘든 비용은 대체로 교수가 책임진다. 미국에서 대학연구소의 연구비용은 교수의 역량에 달려 있다. 책임교수는 주로 정부기관이나 기업 쪽에 연구제안서를 제출해 지원금을 타내는 편이다.

데니스 홍은 현재 UCLA의 기계항공공학과 교수로 재직 중이지만 2013년까지만 해도 버지니아공과대학 소속이었다. 그는 버지니아 공과대학 시절부터 외부 연구 조달비 규모에서 전체 교수 가운데 매년 3위 안에 들 정도로 뛰어난 연구 활동 역량을 보여왔다. 로멜라에선 기업 쪽에 연구제안서를 내기도 하지만 주로 정부기관으로부터 투자를 받는다. 로봇 연구소에서 아이디어를 내면 책임교수인 데니스 홍이 이를 바탕으로 연구제안서를 작성한다. 미국과학재단이나 미 국방성의 연구기관 등에서 연구제안서가 채택될 경우, 꽤 많은 지원금을 받을 수 있다. 이렇게 투자를 받은 연구는 점차 덩치를 키워 커다란 프로젝트로 발전된다. 국방부 방위종합연구계획국으로부터 100만 달러의 연구비를 지원받아 구조용 로봇 개발 사업에 참여했던 것도 이러한 예 중 하나다.

연구소에 소속된 대학생들이나 학부생들의 아이디어가 큰 규모의 프로젝트로 발전하기도 한다. 일단 좋은 아이디어가 나오면 그 아이디어를 구현한 후 결과물을 토대로 만든 연구제안서를 기업이나 정부기관 등에 보내는 것이다. 이렇게 보낸 연구제안서가 뜻하지 않게 큰 규모로 발전한 것 중에 화재진압형 로봇 '사파이어'가 있다. 사파이어는 탄성을 이용해 힘과 위치를 함께 제어하는 첨단 인공근육을 적용시킨 로봇으로 원래는 '찰리'라는 휴머노이드 로봇에서 발전시킨 것이다. 휴머노이드 로봇 연구가 거의 없었던 2009년 로멜라에선 미국 최초로 인간의 모습을 한 휴머노이드 로봇 찰리를 만들었다. 당시 개발된 찰리는 가벼운 데다 비교적 저렴한 비용으로 만들 수 있다는 장점이 있었지만 컴퓨팅 능력에 한계가 있어 다양한 일을 수행하는 데는 어려움이 따랐다. 하지만 로멜라는 휴머노이드 로봇을 끊임없이 개발하고 발전시켜 '토르', '다윈'을 비롯해 '사파이어'까지 만들어냈다.

한국계 미국인 데니스 홍은 138년의 역사를 지닌 과학 잡지 〈파퓰러

▌로멜라 연구소에서는 다양한 휴머노이드 로봇이 개발 중이다.
작전수행 로봇 토르(좌)와 축구 로봇 다윈(우)

사이언스〉에서 젊은 천재 10인으로 선정되었을 정도로 혁신적인 인물이다. 하지만 그가 다년간 쌓아온 경험과 노하우를 구현하고 로봇 개발의 선두주자가 될 수 있었던 배경에는 기초과학에 대한 미국 정부의 지원정책과 각 기관의 지원금이 자리하고 있다.

데니스 홍
UCLA 기계항공공학과 교수, 로봇메커니즘연구소 소장

우리나라는 당장 돈이 되는 프로젝트만 지원해주기 때문에 급하게 결과가 나와야 하니까 탑을 쌓을 때 급하게 쌓는단 말이에요. 급하게 쌓으면 휘청이다가 쓰러지기가 쉽죠. 미국에서는 아래부터 기초를 다지기 때문에 필요하면 언제든지 결과물이 나올 수 있죠. 그런 환경이 상당히 다릅니다.

최고의 로봇기술 국가가 된 미국

미국의 대표적인 휴머노이드 로봇 다윈은 장난감처럼 귀엽게 생겼지만 인공지능으로 작동된다. 원격으로 조종되는 것이 아니라 카메라로 주변을 보고 세상을 인식하고, 인간이 어려운 작업을 지시하면 어떻게 임무를 수행할지 스스로 판단하는 것이다. 다윈이 만들어진 대학연구소인 로멜라는 정부와 기업으로부터 막대한 연구비를 지원받아 현실에서 사용할 수 있는 다양한 로봇들을 개발하고 있다. 최근 연구 중인 것은 지뢰제거용 로봇이다. 연구의 최종 목표는 지뢰용 로봇의 몸체 밑에 단 센서를 통해 로봇이 걸어가면서 지뢰를 찾도록 하고, 지뢰를 발견한 후엔 그 자리에서 제거할 수 있는 기능까지 탑재시키는 것이다.

이 대학연구소에서 가장 심혈을 기울여 개발하는 분야는 로봇이 사람처럼 걷게 만드는 '이족보행' 기술이다. 그중에서도 특히 재난구조용 로봇에 대한 관심이 깊다. 막대한 자금과 시간이 요구되는 휴머노이드 로봇 개발은 현재 미국의 많은 대학연구소를 중심으로 활발하게 진행되고 있다. 그 결과, 인간처럼 걷고 균형을 잡을 수 있는 로봇, 험한 지역도 거침없이 걸을 수 있는 로봇이 등장하기도 했다.

한 예로, MIT 기계공학과의 로봇 연구소에서 김상배 교수팀이 세계 최초로 맹수처럼 움직이는 치타 로봇을 개발했다. 전기로 걷거나 뛸

헤르메스(Hermes)
MIT 원격조정 로봇

▌ 대학연구소에서 개발되고 있는 각종 재난 구조용 로봇들. 지뢰제거용 로봇부터 원격조정용
로봇까지 다양한 로봇들이 만들어지고 있다.

수 있는 로봇은 이 세상에 이 로봇밖에 없다. 이 로봇은 지구상에 나와
있는 로봇 중에서 동물의 움직임과 가장 유사하다는 평가를 받고 있다.
심지어 치타 로봇의 에너지 효율은 동물이 이동하는 데 쓰는 효율과 똑
같다. 전기 모터를 써서 움직이거나 뛸 수 있는 유일한 시스템이다.

김상배 연구팀은 최근 놀라운 기술을 선보였는데, 바로 원격 조정
으로 움직이는 재난구조용 로봇인 '헤르메스'다. 이 로봇은 1km 떨
어진 곳에서도 조정이 가능하도록 설계됐다. 강력한 파워를 내는 놀
라운 기술로 재난 구조 현장에 사용될 날이 멀지 않았다.

김상배
MIT 기계공학과 교수

다리로 돌아다니는 기술이랑 원격기술이 합쳐지면 로봇을 거의 아

무 곳에나 보낼 수 있는 거죠. 그러면 화재 현장이나 원전 사고 현장 같은, 사람을 보내기 너무 위험한 지역에 로봇을 쉽게 보낼 수 있게 되는 겁니다. 화재 현장 같은 곳은 5년 안에 투입할 수 있을 것으로 생각합니다.

로봇의 발전은 로봇을 움직이는 기계 및 기술 발전과 함께 이뤄진다. 이러한 기술은 단시간 내에 만들어지지도 않고 필요하다고 해서 빠르게 개발해낼 수 있는 것도 아니다. 하지만 미국은 당장 눈에 보이는 성과물이 없어도 기초과학에 대한 지원을 계속하여 오랜 시간 공들여 차근차근 성장해왔다. 그리고 이것이 오늘날 미국을 최고의 로봇기술 강국으로 만든 저력이 되었다.

김상배
MIT 기계공학과 교수

로봇은 어떻게 보면 종합기술이에요. 융합하는 기술이죠. 융합이 단지 합친다고 되는 것이 아니고 재구성해야 합니다. 로봇은 다 움직이는 거니까요. 어떻게 보면 융합의 결과라고 말씀드릴 수 있겠네요. 바이올로지, 기계공학, 컴퓨터 그 모든 것들이 합쳐져야 가능한 일이죠.

데니스 홍
UCLA 기계항공공학과 교수, 로봇메커니즘연구소 소장

제작진 미국의 첨단산업이 강한 이유는 무엇이라고 생각하십니까?

데니스 홍 교육에서부터 차이가 난다고 생각해요. 제 강의엔 세계 여러 나라 학생들이 참여하고 있는데 한국 학생들도 많은 편입니다. 한국 학생들에겐 전형적인(typical) 면이 있어요. 예를 들면, 어려운 수학문제를 기가 막히게 풀어서 다른 국적 학생들을 감탄하게 만들어요. 그런데 그 수학문제의 수업 내용이 어디에 쓰이는지는 정확하게 이해를 못하죠. 이를테면, 로봇 강의 프로젝트에서 미국 친구들은 창의적으로 접근하지만 한국 친구들은 그렇게 하지 못하는 거예요. 이제껏 배운 것과 맞는 게 없으니 거기서 헤매는 겁니다. 창의적인 문제가 주어졌을 때 여러 가지로 접근할 수 있는 창의적인 사고방식이 부족한 거죠. 저희는 그룹 프로젝트를 많이 해요. 어떤 문제가 주어지면 5~6명으로 팀을 짜서 그룹 프로젝트를 하는데, 토론할 때 보면 미국 학생들은 정말 오픈마인드로 새로운 아이디어를 내고 말도 안 되는 이야기도 던져요. 전혀 말도 안 되는 황당한 이야기를 하는데 아무도 비웃거나 그러지 않습니다. 반면, 한국 학생들은 내가 이 이야기를 하면 다른 친구들이 날 어떻게 볼까 하는 두려움 때문에 대화나 토론할 때 아이디어가 잘 안 나옵니다. 그래서 창의적인 것이 상당히 약하죠. 그리고 팀으로 일하는 것을 잘 못해요. 수학적으로 푸는 기술은 전 세계 최고 정도인데 사실 그건 요즘은 컴퓨터도 할 수 있는 거죠. 미국 학생들은 교육의 힘으로 창의적인 아이디어와 협동력을 발휘하는 데 강합니다. 이런 것들이 오늘날 미국이 최첨단기술에서 앞서갈 수 있는 요소 중 하나인 것 같아요.

제작진 MIT나 스탠퍼드 학생들의 창업도 활발한 것으로 알고 있습니다. 미국에서 대학생 창업이 활발한 이유가 있을까요?

데니스 홍 미국의 젊은 친구들 중에는 기업가정신이나 비즈니스적인 마인드를 가진 이들이 많아요. 야망도 많죠. 그러니까 공부를 하다가도 아이디어가 있으면 창업하거나 특허를 내는 등 다른 시도를 하는 경우가 많습니다. 그렇다고 다 성공으로 이어지지는 않습니다. 실패하는 경우가 훨씬 많죠. 그래도 다시 돌아올 수 있는 사회적인 분위기와 환경이 조성되어 있어요. 하지만 한국에서 실패는 끝인 경우가 많죠. 실패하면 자기 자리로 돌아올 수 없게 되는 거죠. 그런 분위기가 바뀌어야지 우리나라 젊은 친구들이 더 많이 도전할 수 있을 거라고 생각해요.

03

대학에서 개발된 기술을 산업으로 연결하는 시스템

대학 연구실이 바로 벤처 회사로

보스턴은 21세기 미국 최고의 첨단산업단지로 부상하고 있다. 미국의 가장 오래된 도시 중 하나인 보스턴이 첨단산업의 메카가 될 수 있었던 것은 세계적인 대학들이 그곳에 포진해 있기 때문이다. 그곳에는 하버드대학교와 매사추세츠 공과대학교 등 60개 이상의 대학이 있다. 미국에서 대학은 그야말로 '아이디어의 보고'다. 교수나 학생, 또는 대학연구소는 혁신적인 아이디어를 개발해 벤처기업을 창업하는 일이 많다. 이들이 아이디어 하나만 갖고도 벤처기업을 창업할 수 있는 데엔 국방부, 미국립과학

▎세계적인 대학들이 포진한 보스턴은 21세기 미국 첨단산업의 중심지로 부상하고 있다.

재단, 에너지 자원실 등의 지원이 뒷받침되고 있기 때문이다. 또, 크고 작은 기업들은 혁신적인 아이디어에 투자를 아끼지 않는다. 이와 같은 풍토는 실리콘밸리가 있는 캘리포니아에서 이미 시작되었다.

캘리포니아에서 가장 유명한 대학 중 하나인 스탠퍼드는 100년 전만 해도 그리 유명한 대학이 아니었다. 그런데 1945년 프레드 터먼이 엔지니어 교무처장으로 오면서 작은 변화가 생기기 시작했다. 그는 교수들에게 산업에 유용한 연구를 할 수 있도록 독려했고, 학생들에겐 산업에 몰두할 수 있도록 격려했다. 그는 스탠퍼드가 산업에 한층 가까워질 수 있는 역할을 맡았던 것이다. 당시 다른 대학들이 산업과 거리를 두고 있었던 것에 비한다면 독보적인 행보다.

실리콘밸리 또한 당시엔 유명한 곳은 아니었지만 대학과의 연계로 더 창의적이고 뛰어난 기술을 장착하게 되었다. 그 결과 스탠퍼드 대학과 산업은 진정한 상호작용을 시작했다. 교수나 학생은 산업과 연관된 새로운 아이디어를 더 많이 갖게 되었고 그것은 곧 창업으로 이어졌다.

크리슈나 사라스왓
스탠퍼드대학교 전자공학과 교수

우리는 학생들과 어떤 산업이 미래에 유용하게 될지 리서치하고 있습니다. 또, 우리는 현 산업 종사자들에 의해 우리 학교 학생들이 함께 나아갈 수 있는 많은 프로그램을 갖고 있기도 합니다. 결론적으로 이 대학교 산업 리서치가 혁신적인 아이디어로 이어지는 거죠. 이러한 아이디어는 국방부, 미국립과학재단, 에너지 자원실과 같은 미국 정부의 자본으로 진행되고 있습니다.

이후로 미국에서 대학은 '산업문제 해결과 기술진보를 위해 필요한 것을 공급하는 기반 역할'을 맡게 된다. 그리고 1980년대 들어서서는 대학과 중소기업의 특허절차법인 '베이돌법안(Bayh Dole Act)'이 시행되기도 했다. 이 법안은 연방정부의 자금으로 수행된 대학연구 성과에 대한 특허권을 대학에 부여하는 것이다.

이러한 법안은 실리콘밸리에 위치한 대학 대부분이 혁신 아이디어를 산업화할 수 있는 분위기를 이끌어냈다. 대표적인 예로, 제넨텍을 들 수 있을 것이다. 스탠퍼드대학과 버클리대학의 연구원들이 협업으로 만들어낸 제넨텍은 세계에서 가장 성공한 바이오 기업으로 꼽히고 있다.

현재 실리콘밸리에 위치한 대부분의 대학은 스탠퍼드와 같은 길을 걷고 있다. 특히 기술개발자인 연구진이 직접 벤처기업을 창업하는 비중이 높은 대학으로 MIT가 있다.

김상배
MIT 기계공학과 교수

거의 웬만한 산업은 다 학교에서 나왔다고 보면 됩니다. 학교에서 모든 것이 나왔다고 해도 과언이 아닙니다. 그런 것들이 팔리고 커지면서 산업이 되는 것이지, 씨를 심는 시작은 다 학교에서 일어납니다. 그것이 학생이건 교수이건 굉장히 많은 수의 산업이 학교에서 일어나죠.

혁신을 이끌어내는 MIT 미디어 랩

MIT에서는 30년 전 IT 융합연구소 미디어 랩을 설립했다. 이 연구소의 주요 분야는 디지털 기술을 이용하여 핵심기술뿐 아니라 그 기술과 관련된 여러 가지 응용분야나 활용 가능 분야를 새롭고 흥미로운 방법을 통해 연구하는 것이다.

미디어 랩은 첨단기술의 요람으로 '꿈의 공작소'로 불린다. 미디어 랩이 꿈의 공작소가 된 이유는 지난 30년간 많은 결과물을 내놓아서만은 아니다. 학생들이 창의성을 발휘할 수 있는 환경이 조성되어 있어서다. 이를테면 학생이 아이디어를 내면 교수는 분명한 방향과 조언을 제시하고 미디어 랩은 자원을 모아 실행 가능한 아이디어가 되도록 돕는다. 아이디어를 실행으로 옮기는 데 여러 단계를 거치며 힘을 뺄 필요가 없도록 체계화된 환경은 학생들이 더 풍부한 아이디어를 내게 만들고 그것이 원활하게 실행될 수 있도록 한다.

하지만 미디어 랩의 가장 큰 특징이자 장점은 '인간과 컴퓨터의 상호작용'이라는 목표에 있다. 이는 학생들을 동기부여 하여 창의성과 적극성을 끌어내는 기능까지 가진다. 미디어 랩에서 이뤄지는 연구는 이론적 연구에 그치지 않는다. 그 연구로 인해 주변 환경이 향상되는 데 목표를 둔다. 이를테면 일상적으로 쓰는 물건들을 더 스마트하게 만들거나 사람이 할 수 없는 일을 기술이 하게 만든다.

MIT 미디어 랩

▎'꿈의 공작소'로 불리는 MIT 미디어 랩에서는 인간과 컴퓨터의 상호작용이라는 목표하에 기술을 개발하고 있다.

이렇게 만들어진 기술은 실제 생활에서 유용하게 쓰이고 있다. 내비게이션 시스템의 초기 버전, 타이포그래피 기술의 초기 버전, 터치스크린 기술 등이 이 연구소에서 나왔다. 특히 오늘날 거의 모든 화면상에서 문자나 그림을 쓸 때 사용하는 터치스크린 기술의 경우에는 개발 당시만 해도 누구도 이 기술이 중요해지리라고 생각하지 않았다. 하지만 새로운 것의 발견이 미래가 될 수 있다는 모토를 갖고 연구를 진행했고 이제 막 그 기술들이 성과를 나타내기 시작했다.

현재 미디어 랩에서는 색의 변화뿐 아니라 사물의 모양을 직접 보여주거나 향이나 맛을 전달함으로써, 마치 지금 그것이 눈앞에 있는 듯 생생하게 느껴지게 하고 소통할 수 있는 기술을 개발하고 있다. 만질 수 있는 인터페이스를 통해 시스템과 사람이 상호작용을 할 수 있도록 하려는 것이다. 상호작용 시스템을 재현시키려는 것 중에는 더우면 시원하게 해주고 추울 땐 따뜻하게 해주는 기능을 가진 바이오 의류도 있다. 또, 합성생물학 연구를 진행함으로써 향후 몇 년 후에는 특정한 약을 만들어낼 계획이다. 그 약을 통해 병을 앓고 있는 환자들의 고통을 덜 수 있는 방법을 찾는 것이 미디어 랩의 목표이다. 의료기술은 사용하기 전에 수많은 테스트를 필요로 하기 때문에 아직까지는 갈 길이 멀다. 하지만 미디어 랩은 새로운 분야의 혁신을 이끌어내는 데 주저하지 않는다.

앤드루 립먼
MIT 미디어 랩 조교수

우리는 기술과 함께 구조·경제·사회·정치적 환경을 생각합니다. 가장 중요하게 생각하는 건 디자인과 예술적 환경입니다. 이 모든 것들을 한 번에 생각하죠. 다른 곳에서는 흔한 일이 아닙니다. 하지만 우리는 굉장히 다양한 관점에서 아이디어를 논의할 수 있는 기반을 조성합니다. 우린 실수에 대해 두려움이 없고, 각각의 것들에 집중하면서도 편협해지는 것에 대한 두려움이 없습니다. 미디어 랩 연구들은 시대를 매우 앞서 나갔지만, 특별한 방식으로 사람들에게 영향을 끼쳐왔고 그 성과들이 현재 우리가 사용하는 기술들로 나타나고 있는 것입니다.

미디어 랩 연구자들은 지금 진행하고 있는 연구들이 향후 세상에 많은 영향을 끼칠 것이라 말한다. 20년 뒤 세상에서 쓰일 것이라고 자신한다. 이런 이유로 미디어 랩은 당장 산업에 적용될 수 있는 기술이 아님에도 불구하고 현재 100개가 넘는 다국적 기업과 단체들의 지원을 받고 있다.

의학도가 만든 인공망막 회사, 세컨드 사이트

22년 전 유전병으로 완전히 시력을 잃은 테일리 바일랜은 얼마 전 바이오 의료기기 업체 세컨드 사이트에서 인공망막을 이식 받았다. 이제 그는 특수 제작된 안경만 쓰면 앞을 볼 수 있게 되었다. 처음 시력을 되찾아 작은 빛 하나를 본 이후 시간이 갈수록 그는 더 많은 빛을 볼 수 있게 되었고 더 많은 패턴을 인식하게 되었다. 그는 이제 단순히 형체만 볼 수 있는 정도가 아니라 미세하게나마 색깔도 구분한다.

시력을 잃은 사람은 언제나 깜깜한 어둠 밖에 볼 수 없다. 하지만 이 특수 안경을 착용하면, 즉 소위 사이버 비전이라고 하는 이 기술을 통하면 비록 일반인의 시력과는 다르지만 생활하기에는 충분한 시력을 갖게 된다. 또, 시간이 갈수록 더 많은 빛을 볼 수 있고 더 많은

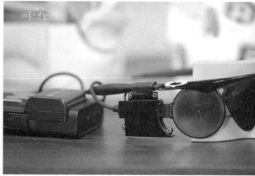

인공 망막 '아르구스2'
안구에 작은 전극을 이식해서
시각장애인의 시력을 회복시키는 장비

▌ 세컨드 사이트에서 개발한 시각장애인의 시력을 회복시키는 제품. 이 바이오 의료기기는 독
보적인 기술로 평가받는다.

패턴을 인식하게 된다.

캘리포니아에 위치한 세컨드 사이트는 인공망막 분야에서 독보적
인 기술을 보유한 기업이다. 시력을 완전히 잃은 환자에게 일정 수준
의 시력을 회복시키고 점차적으로 더 회복시키는 것을 목표로 하고
있다. 세컨드 사이트의 핵심기술인 인공망막 이식기술을 만든 개발
자는 이 회사의 대표 로버트 그린버그다. 그는 존스홉킨스의대를 졸
업한 의학도이자 공학도이다.

그는 의대 재학 중 시각장애인의 시력을 회복시키는 기술을 발견
했다. 이 기술은 미세한 전극으로 이루어진 마이크로 칩을 환자의 안
구에 이식해 전류를 흘러 보내는 방식인데, 전류가 시신경을 직접 자
극해 환자는 빛을 인식하게 된다. 이 상태에서 특수 안경을 착용하면
빛이 이미지로 바뀌어 앞을 볼 수 있다.

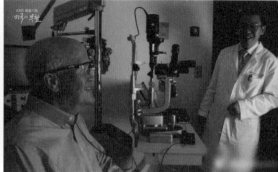

▌인공망막을 이식 받고 특수 제작된 안경을 쓴 후 다시 세상을 볼 수 있게 된 환자들.

로버트 그린버그
미국 바이오 업체 세컨드 사이트 대표

미세한 전극에 전류가 흐르면 환자는 하나의 빛을 보게 됩니다. 전
광판의 전등이나 모니터 혹은 태블릿 위의 작은 픽셀을 보듯이 작은
빛들을 통해 환자는 불완전하게나마 앞을 보게 되죠.

세컨드 사이트는 이 제품을 상용화시키기 위해 무려 25년이라는
기간 동안 연구에 매달렸다. 이론적인 연구가 실제 제품이 되기까지
에는 수많은 어려움이 있었다. 반면, 재정적인 문제에서는 큰 어려
움이 없었다. 미국 정부와 투자회사는 이 기술을 미래를 이끌 중요

한 기술로 판단하고 총 2억 달러를 지원했기 때문이다. 이렇게 해서 시각장애인도 세상을 볼 수 있는 기적 같은 기술이 탄생했다.

로버트 그린버그
미국 바이오 업체 세컨드 사이트 대표

25년이나 걸릴 것이라고는 생각하지 못했습니다. 생각했던 것보다 훨씬 어려운 과정이었죠. 하지만 처음 기술을 알게 된 순간 실현이 가능하리라는 것을 알았습니다.

25년의 투자와 연구 끝에 탄생한 이 바이오 의료기기는 독보적인 기술로 평가받는다. 그리고 미국과 유럽 등 150명의 시각 장애인은 이 제품으로 앞을 보게 되었다. 현재 이 인공망막은 전 세계로 수출 되고 있고, 시각장애인들의 작은 기적이 계속되고 있다.

로버트 그린버그
미국 바이오 업체 세컨드 사이트 대표

인공망막 이식기술로 약 800만 명의 시각장애 환자를 도울 수 있죠. 이 장비가 나오기 전에는 시각장애인을 보게 할 수 있는 장비가 없

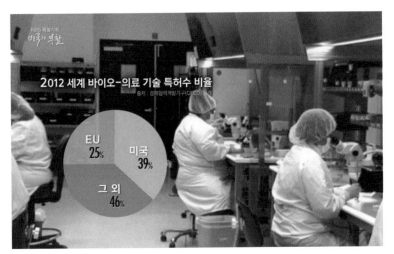

2012 세계 바이오-의료 기술 특허수 비율
출처 : 경제협력개발기구(OECD) 통계

EU 25%
미국 39%
그 외 46%

❙ 미국은 바이오 의료기술 분야에서 전 세계 특허 수의 39%를 차지하고 있다.

었습니다. 당분간 비슷한 장비는 나오지 않을 것 같습니다.

현재 미국은 세계 바이오 의료산업을 리드하는 국가다. 바이오 의료기술 분야에서 미국은 전 세계 특허 수의 39%를 차지하고 있다. 28개국을 회원 국가로 둔 유럽연합 EU가 25%를 차지한 것에 비한다면 놀라운 수치다.

김상배
MIT 기계공학과 교수

제작진 미국은 벤처기업들이 대학에서 시작된 경우가 많습니다. 이러한 분위기가 조성된 이유는 무엇이라고 보십니까?

김상배 전 그 이유를 크게 두 가지로 보고 있습니다. 첫 번째는 지적 자유입니다. 새로운 것을 추구하는 일이 굉장히 자연스럽고 거리낌이 없어요. 두 번째는 아이디어만 좋으면 충분히 지원을 받을 수 있는 분위기라는 겁니다. 새롭거나 진보적인 아이디어를 구체적인 결과물로 만드는 데 많은 시간이 걸리더라도 지원을 아끼지 않죠. 바로 이러한 요소가 혁신적인 결과를 만들어내는 데 일조했다고 봐요.

제작진 대학에서 나온 결과물로는 어떤 것들이 있을까요?

김상배 수도 없이 많죠. 구글, 페이스북이 다 대학에서 시작된 거죠. 사실 인터넷 자체도 학교에서 나온 겁니다. 웬만한 산업이 다 학교에서 나왔다고 보시면 될 겁니다. 이러한 이유로 미국은 학교 중심으로 모든 것이 시작되고 생산되고 있죠. 많은 기업들이 학교 주변에 회사를 차리는 이유이기도 하고요. 또, 학생들뿐 아니라 교수들이 회사를 차리는 경우도 굉장히 많습니다. 학생이든 교수든 굉장히 많은 수의 사람들이 새로운 아이디어를 갖고 창업을 하고 있죠.

제작진 그래서 미국의 대학은 학문적이지 않다는 비판을 받기도 하는 것으로 알고 있는데요. 교수님 생각은 어떠십니까?

김상배 학교는 지식의 근원이죠. 그런 측면에서 비판하는 것을 이해 못하는 것은 아닙니다. 하지만 또 다른 측면에서 보자면, 학교는 혁신을 일으키기 좋은 곳이기도 하죠. 교수나 학생들의 창의적인 아이디어가 단지 학문에만 그치지 않고 산업으로 연계되었을 때 엄청난 시너지 효과를 발휘하죠. 그렇기 때문에 현재 중국도 이러한 분위기를 만들어나가려고 하는 거겠죠.

04

전 세계 기술자들을
불러들이는 **창업 환경**

혁신적인 기업가가 탄생할 수 있었던 이유

지난 2012년 8월, 미국은 화성탐사 로봇을 화성에 보내는 데 성공했다. 인류 역사상 가장 정교한 우주탐사 로봇 '큐리오시티 로버'는 미국의 독보적인 과학기술을 상징한다. 그런데 미국의 우주과학은 기술에서 그치지 않고 산업으로 이어진다.

그 대표적인 주자로는 민간업체 스페이스 엑스가 있다. 스페이스 엑스는 테슬라의 창립자로서 세계의 주목을 끌고 있는 엘론 머스크가 만든 우주개발 기업이다. 스페이스 엑스에선 2006년 팰컨 1호를

┃ 인류의 미래가 우주산업에 달려 있다고 본 엘론 머스크는 로켓 개발을 시작했다. 스페이스
엑스가 팰컨 로켓을 발사하며 미국에는 우주산업 시대가 열렸다.

우주로 발사했다. 비록 지구 저궤도에 올리는 것으로 멈추었지만 우
주산업 시대의 개막을 의미하는 큰 사건 중 하나였다. 이후 스페이스
엑스는 팰컨 9호 발사에 성공했으며 NASA와 상업용 궤도 운송서비
스 계약을 맺은 우주선 드래곤을 만들기도 했다. 그리고 2015년
12월, 스페이스 엑스는 세계 최초로 로켓 추진 엔진을 회수하는 데
성공한다. 이로써 로켓 발사 비용을 10분의 1로 줄일 수 있게 됐다.

하지만 이러한 결과물이 있기까지 엘론 머스크는 결코 쉽지 않은 선택을 해야 했다.

우주산업은 기본적으로 어마어마한 자본을 필요로 한다. 또, 기술적인 측면에서도 최첨단에 해당한다. 전문가가 아니어도 충분히 알 수 있는 이 난제로 인해 대부분의 사람들은 엘론 머스크가 우주산업에 뛰어들겠다고 했을 때 시큰둥한 반응을 보였다. 하지만 엘론 머스크는 특유의 추진력을 발휘해 2002년 스페이스 엑스를 창립했다. 많은 이들의 우려 속에서도 그는 우주로 로켓을 쏘아 올리는 꿈을 버리지 않았다. 우주산업에서 인류의 미래를 바라봤기 때문이다.

엘론 머스크는 이렇게 말한다.

"스페이스 엑스의 목표는 로켓기술을 진보시키는 것입니다. 이것이 아주 중요한 이유는, 인류가 범우주적인 문명을 이루려면 신속하고 완전하게 재사용할 수 있는 로켓이 필요하기 때문입니다."

이처럼 미국에는 미래를 내다보고 첨단산업을 이끄는 혁신적인 기업가들이 존재해왔다. 마이크로소프트의 창업자 빌 게이츠는 개인용 컴퓨터 시대를 이끌어냄으로서 미국에 천문학적인 경제적 이익을 안겼고, 애플의 창립자인 스티브 잡스는 휴대전화의 한계를 뛰어넘는 획기적인 제품을 만들어 스마트폰 시대를 열었다.

이는 새로운 사고방식을 지지하고 언제나 새로운 것을 시도하는 것에 대해 주저하지 않는 미국 사회의 분위기와 무관하지 않다. 아무

Steve Jobs
1955-2011

Thank you!

"기술은 별것 아니다. 중요한 것은 사람에 대한 믿음이다
그들에게 도구를 쥐어 주면 멋진 일을 해낼 것이다"
스티브 잡스 / 애플 창업자 (1955~2011)

▍개인용 컴퓨터 시대를 이끈 빌 게이츠와 스마트폰 시대를 연 스티브 잡스.
이들은 미래를 내다보고 첨단산업을 이끌었던 혁신적인 기업가였다.

것도 하지 않는다면 실패의 위험은 없다. 대신 성공의 열매를 딸 수
도 없다. 실패와 성공 모두 새로운 것을 시도하는 적극적 자세에서
나온 결과물이기 때문이다. 미국인들은 새로운 아이디어로 문제를
해결하는 데 개방적이며, 새로운 것에 거부감을 갖거나 꺼리지 않는
다. 이는 실패는 곧 추락이 아니라 다음 사업에 교훈이 될 수 있다는
가치관이 있어 가능하다. 그리고 바로 이러한 가치관은 미국을 어느
나라보다 많은 혁신을 이루는 나라로 성장시키는 동력이 되었다.

리처드 쿠퍼
하버드대학교 경제학과 교수

미국은 실험을 장려하고, 새로운 아이디어를 시험할 때 위험이 따르

더라도 재정적 지원을 아끼지 않습니다. 미국인들은 새로운 아이디어로 문제를 해결하는 데 개방적이죠. 이런 여러 가지 요소로 인해 미국에서 혁신이 일어나기 더 쉬웠던 것입니다.

아이디어만 있으면 무일푼으로도 가능한 창업의 꿈

인공망막 기술을 성공적으로 이끈 로버트 그린버그는 자본금이 없던 대학시절부터 사업에 뛰어들었다. 그는 그렇게 할 수 있었던 이유를 이렇게 설명했다.

"캘리포니아는 사업하기 아주 좋은 곳입니다. 미국 자체가 사업을 시작하기 좋은 나라인 것 같습니다. 새로운 사업을 장려하죠. 사업하기 좋은 환경은 말할 것도 없고요. 모든 것이 가능하다는 사고방식을 갖고 있습니다. 실제로 많은 사람이 이곳에서 무일푼으로 사업을 시작해서 큰 성공을 이뤘죠."

실제로 미국은 돈이 없어도, 좋은 아이디어만 있으면 창업하기 좋은 환경을 제공하고 있다. 때문에 전 세계 기업가들은 미국으로 몰려든다. 그리고 그 중심에 실리콘밸리가 있다.

실리콘밸리에선 투자회사에서 주최하는 투자발표회가 자주 열린다. 이때 창업자들은 투자를 받기 위해 사업 아이디어를 설명하고 투

▌실리콘밸리의 벤처 투자회사에서 주최한 창업자 투자발표회. 새로운 아이디어만 있다면 돈
이 없어도 창업이 가능한 환경이 젊은 사업가들을 불러들인다.

자 받은 신생기업은 그간의 성과를 발표하기도 한다. 투자를 받은 신
생기업 중 약 2%의 기업이 50배, 100배 이상의 수익을 내는 대기업
으로 성장한다.

크리스틴 차이
벤처 투자회사 500 스타트업 대표

약 4개월 동안 저희 투자회사의 역할은 신생기업들이 자신의 사업
을 확장시키는 방법을 배울 수 있도록 돕는 것입니다. 어떻게 고객
을 확보하고 고객을 찾기 위해 어떤 방법을 사용해야 하는지 또 어
떻게 접근해야 하는지 알려줍니다.

이처럼 투자회사는 신생기업에 자금만을 투자하진 않는다. 기업을 만들기 위해 필요한 법률자문이나 회사운영 노하우까지 지원해준다. 이러한 이유로 미국 실리콘밸리에는 IT와 3D 프린터, 빅 데이터 등 다양한 분야에서 새로운 아이디어로 도전장을 내는 신생기업들이 많다.

알레시 리오소
IT 신생기업 파이프파이 창업자

창업의 꿈을 이루기 위해 1년 전 브라질에서 미국으로 왔어요. 브라질이나 다른 대부분 나라는 창업하기 좋은 환경이 형성되어 있지 않습니다. 저 개인은 최고 실력의 디자이너를 고용할 능력이 없습니다. 하지만 여기 투자회사는 그럴 능력이 있죠. 그런 인재를 고용해서 매일 아침 8시부터 우릴 도와줍니다. 투자회사의 구성원들은 이 분야의 다양한 지식을 갖고 있고 자신의 전문성을 바탕으로 우릴 돕습니다. 우리에게 중요한 지식을 전수해주죠.

인재를 미국 문화의 일원으로 끌어들이는 시스템

미국이 오랫동안 경제대국으로서

지위를 지킬 수 있었던 것은 세계 각지에서 새로운 아이디어를 가져오는 인재들을 두 팔 벌려 수용해왔기 때문이다. 그 인재들은 미국 문화의 일원이 되었다. 2008년 미국으로 온 이수인 대표 역시 그러한 인재 중 한명이다.

그녀는 미국으로 오기 전엔 게임을 만드는 대기업 회사에서 10여년 근무했을 뿐 창업 경험은 없었다. 아이가 생긴 후 그녀는 교육용으로 어린아이도 학습할 수 있는 어플리케이션을 만들어보기로 하고 작은 프로젝트를 꾸며 몇 개의 교육용 어플리케이션을 올렸다. 그 프로젝트가 끝난 후에 실리콘밸리에서 엔젤투자자로 활동하고 있는 K9 벤처스의 대표 마누 쿠마르가 연락해왔다. 그는 이수인에게 교육용 애플리케이션과 관련된 창업을 제의했다.

당시 이수인은 자신이 사업할 수 있을 것이라고 생각해본 적이 없었다. 더군다나 미국에서 회사를 창업하는 과정에 대해 아는 바도 없었다. 덜컥 창업한다고 나서는 건 겁나는 일이었고 무모해 보이기까지 했다. 그러한 상황에서 마누 쿠마르는 "당신이 실리콘밸리 부근에서 산다면 두 가지를 갖고 있는 셈이다. 한 가지는 당신이 어디에선가 성공한다면 여기에서 가장 크게 성공할 수 있다는 것이다. 다른 한 가지는 이곳에선 당신이 성공하도록 도와주는 사람들을 만날 수 있다는 것이다. 그것이 당신이 실리콘밸리에서 창업을 해야 하는 이유다"라고 설득했다.

이수인은 2012년 7월 회사를 설립했다. 그러자 정말 놀라운 일이 발생했다. 마누 쿠마르의 말대로 많은 이들이 회사 설립에 도움을 주었던 것이다. 창업에 대해 아무것도 몰랐지만 그런 것은 전혀 문제가 되지 않았다. 실리콘밸리의 멘토 시스템이 회사 설립에 대해 가장 기초적인 것부터 시작해 단계별로 차근차근 알려주었기 때문이다.

멘토 시스템은 모든 창업가가 창업에 대해 잘 모를 것이라는 것을 전제로 한다. 실제로 실리콘밸리로 모여드는 많은 젊은이들은 그곳에서 창업하는 것이 처음인 경우가 많다. 미국인이 아닐 경우엔 특히 미국 법률이나 기업문화 등에서 어려움을 겪을 수밖에 없다. 멘토 시스템은 세계 각국에서 모여든 능력 있는 창업자들이 이러한 어려움을 하나씩 해결할 수 있도록 도움을 준다.

이수인은 회사를 만든 후엔 법률사무소를 찾았다. 이 또한 멘토의 조언에 따른 것이었다. 그녀가 찾은 법률사무소는 스타트업을 지원하는 팀이 따로 있었다. 스타트업 팀에 속한 변호사들은 창업에 필요한 법률적 자문은 물론이고 법적으로 필요한 서류양식을 기입하고 제출하는 데 많은 공을 들였다. 그럼에도 그들은 돈을 받지 않았다. 신생기업이 첫 투자금을 받기 전까지는 돈을 받지 않고 설립을 도와주는 것이 그들의 원칙이라고 했다.

"이런 작은 영세업체를 혼자 차리는 데에도 법적 절차들이 이런 수준으로 필요한가요?"라고 묻는 이수인의 질문에 그들은 "당신이

▍미국에서 교육 어플리케이션을 발표한 이수인 대표가 투자자들 앞에서 사업을 설명하고
있다.

다음 번 페이스북이 될 수도 있으니까 모든 것이 제대로 되어 있어
야 합니다. 당신이 성공할 거라고 믿기 때문이죠"라고 답했다.

그들은 작은 회사도 결국 성공해 어딘가에 팔릴 수 있고, 더 큰 투
자를 받을 수 있다고 생각한다. 기업 간, 혹은 국가 간에도 딜을 할
수 있는 가능성은 누구에게나 있는 것이다. 이를 대비해 모든 것이
시작할 때부터 제대로 되어 있어야 하며, 나중에라도 결격 사유가 생
기지 않도록 법률적인 부분에서 완벽하게 처리해두는 것이다. 또, 투
자자를 만날 때에도 변호사들이 함께 동석하여 투자에 문제가 없는지
살핀다. 그리고 다음 단계로 들어서면 그 분야의 전문가를 연결해줘

도움을 받을 수 있도록 지원한다. 그 덕분에 이수인은 회사를 창립하면서 자신이 미국인이 아닌 데다 창업 경험도 없으며, 어떤 네트워크도 가지지 못했다는 것에 전혀 벽을 느끼지 못했다.

이수인
수학 어플리케이션 회사 에누마 대표

한국에서 IT업계에 있는 동안 창업을 대하는 사람들의 태도를 많이 봐왔어요. 대부분은 기본적으로 '저건 성공하기 어렵다'라는 가정을 하고 말해요. 그런데 이곳에선 '저 사람은 성공할 가능성이 높다'는 가정하에서 도움을 주죠.

저를 도와주신 변호사님은 "아니, 당신이 성공해서 큰 기업이 될 수도 있는데 이런 걸 허술하게 하면 어떡하려고"라며 저보다 더 제 성공을 믿고 있었어요. 성공을 가정하고 모든 일을 진행하는 거예요. 그것이 바로 실리콘밸리의 분위기이기도 해요. 그 안에 있다 보면 나도 내 성공을 믿게 돼요. '창업을 했으면 성공하는 것이 내가 가야할 목적이다'라고 더 선명하게 알 수 있게 되죠.

실리콘밸리의 가장 큰 힘은 서로를 신뢰하고 소통하는 문화다. 스타트업으로 성공한 사람들도 이제 막 시작한 스타트업 창업자 모임에 나와 자신이 가진 네트워크를 공유하기도 하고 상대방이 필요로 하는 것을 가르쳐주기도 한다. 자기가 가진 지식을 다른 이에게 나눠 줬을 때, 자기도 다른 이로부터 똑같은 도움을 받을 수 있을 거라는 것을 알고 있기 때문이다.

이러한 도움은 이수인을 성공한 사업가로 성장시켰다. 그녀가 만든 어린이용 수학교육 어플리케이션은 200만 명 이상이 다운 받아 미국 어플리케이션 교육 부분 1위를 차지하는 성과를 냈다. 이 같은 성과는 창업자에게 보내는 신뢰, 지식공유와 소통, 체계적 시스템이 있었기에 이룰 수 있었다.

한 해에 실리콘밸리로 모여드는 젊은이들은 20만 명에 달한다. 그들 대부분은 자기 나라에서 최고의 인재들이다. 이 인재들이 모여드는 것은 미국이 창업하기 좋은 나라이기 때문이다. 이 덕분에 미국은 선진국 중에서 가장 젊은 나라가 된 것이다.

변화와 혁신을 두려워하지 않는 기업가들

실리콘밸리에 위치한 '알타 모터스'는 전기 오토바이 하나에 모든 것을 건 신생기업이다. 이 회사에선 완벽한 오토바이 하나를 만들기 위해 6년을 투자했다. 일본의 혼다나

BMW 같은 세계적인 기업보다 더 나은 전기 오토바이를 내놓기 위해서였다. 이에 알타 모터스의 창업자인 마크 페닝스테인은 성능과 안전성 측면에서 최고의 가솔린 오토바이를 뛰어넘을 수 있을 때까지 제품을 출시하지 않기로 결심했다. 직원들은 어떤 것도 보장받을 수 없었지만 미래의 성장 잠재력만을 믿고 새로운 도전에 동참했다. 언젠가 자신의 기술로 만든 전기 오토바이가 세계 시장을 휩쓸 것이라는 확신 때문이었다. 그렇게 6년이라는 시간이 지났다.

알타 모터스에선 3.3초 만에 시속 100km까지 가속할 수 있는 전기 오토바이의 출시를 앞두고 있다. 선주문까지 들어왔을 정도로 이 분야 최고의 기술력을 자랑한다. 핵심기술은 배터리다. 자체기술로 개발한 고성능 배터리는 가솔린 엔진보다 출력이 더 뛰어나고, 배터리 팩은 안전한 고강도 합금으로 제작됐다. 중량당 마력은 동급에서 최고의 성능을 자랑한다. 가속력이나 핸드링 기능으로는 이 오토바이를 따라올 모델이 없다.

마크 페닝스테인
전기 오토바이 알타 모터스 CEO

샌프란시스코는 선구자와 모험가들의 도시입니다. 지구상 다른 어떤 도시에서도 알타 모터스를 성공시키지는 못했을 것입니다. 세상

▌혁신적인 기술로 최고의 전기 오토바이를 개발한 알타 모터스 역시 작은 신생기업이다.

에서 가장 놀랍고 재미있는 오토바이를 만드는 것이 알타 모터스의
최종 목표입니다. 전기 오토바이를 만드는 것은 지구를 지키고 공기
를 보존하는 것이고 이것은 모든 시민들을 위한 일입니다. 이것은
선택의 문제가 아니라 의무라고 생각합니다.

이 같은 오토바이가 만들어질 수 있었던 건 새로운 기술과 아이디
어로 무장한 모험가들이, 변화와 혁신을 두려워하지 않는 기업가정
신을 갖고 있기 때문이다. 이미 세계적인 기업으로 우뚝 선 페이스
북, 구글, 애플도 마찬가지다.

전 세계 최대의 소셜 네트워크 회사인 페이스북의 창립자, 마크 주
커버그는 하버드대학교에 재학할 당시 페이스북을 만들었다. 많은

학생들이 페이스북에 가입하며 유명세를 타자 과감하게 학교를 중퇴하고 회사를 설립했다. 페이스북은 당시의 다른 소셜 네트워킹 사이트와 달리 실명과 이메일 주소를 기입하도록 하고 신뢰할 수 있는 관계를 강조했다.

마크 저커버그는 소통을 인간의 기본 권리라고 믿었다. 전 인류를 연결하는 것이 우리 세대에 주어진 과제라고 본 것이다. 마크 저커버그가 만약 대학 내 커뮤니티에만 만족했다면 오늘 날의 페이스북은 없었을 것이다. 하지만 그는 '하버드 졸업생'이라는 간판에 구애받지 않고 창업의 길로 뛰어들었다.

2006년, 페이스북의 잠재력을 내다본 야후는 거액을 제시하며 인수를 제안했지만 저커버그는 "이건 가격의 문제가 아니다. 페이스북은 내 자식이기 때문에 보살피고 성장시키고 싶다"라고 말하며 거절했다. 그리고 그의 손에서 자라난 페이스북은 세계에서 가장 유명한 소셜 네트워크로 자리 잡았다.

스마트폰 하나로 새로운 문화와 시장을 만들어낸 스티브 잡스는 그야말로 기업가정신의 대명사가 된 인물이다. 그가 창립한 애플의 경쟁력은 '혁신'과 '디자인'이었다. 초창기 그는 애플의 단합대회 때 직원들에게 '해군이 아니라 해적이 돼라!(Pirates! Not the navy!)'는 문구가 찍힌 티셔츠를 나누어주었다. 변화와 도전을 강조하기 위해 제시한 문구였다.

스티브 잡스는 관료적인 분위기에서는 혁신을 일으키는 변화가 발생할 수 없다고 여겼다. 자유로운 분위기를 만들어 변화를 주도할 수 있는 환경을 조성해주었을 때 직원들이 혁신적인 도전을 할 수 있다고 본 것이다. 이는 기술 자체보다 기술을 만드는 사람들이 중요하다는 그의 믿음과도 일맥상통한다.

스티브 잡스는 이런 말을 남기기도 했다.

"기술은 별 것 아닙니다. 중요한 것은 사람에 대한 믿음입니다. 그들에게 도구를 쥐어주면 멋진 일을 할 것입니다. 그러나 우리의 핵심 가치들이 변해 무너져버린다면 나는 차라리 이 일을 그만두겠습니다. 사람들을 위한 최고의 제품을 만들겠다는 우리의 가치는 5년 전 혹은 10년 전과 같습니다."

전 세계 인터넷 문화를 선도한 구글 역시 기업가정신을 선도하는 기업 중 하나다. 구글의 기업정신은 '문샷싱킹(moonshot thinking)과 '칫솔 테스트(toothbrush test)'로 설명된다. 구글의 사내 비밀 연구소인 구글 엑스는 '달로 로켓을 쏘아 올리는 것처럼 상식을 뛰어넘는 혁신적인 도전'이라는 문샷싱킹에 기반한 미래 기술투자를 통해 기상천외한 분야에까지 진출한다. 하지만 칫솔처럼 사용자들이 매일 쓰는 것을 먼저 혁신해야 한다는 '칫솔 테스트'도 중요시한다. 구글은 상상을 뛰어넘는 혁신적 도전만을 강조하지 않는데, 일상생활에서 조금만 상상력을 보태고 다르게 생각한다면 놀라운 결과를 낳을

▌도전과 실패를 두려워하지 않고 아이디어에 열려 있는 문화는 미국에 새로운 세계적인 기업의 탄생을 가능하게 한다.

수 있기 때문이다. 이렇게 확대된 상상이 문샷싱킹으로 발전할 가능성도 높다. 구글의 가장 뛰어난 기업 가치는 '실패를 두려워하지 않는 경영 철학'에 있다.

구글 전 회장인 에릭 슈미트는 이렇게 말했다.

"사람들이 혁신하고 시도하고 실패할 수 있도록 조건이 갖춰져야 합니다. 그런 조건이 갖춰졌을 때 사람들은 혁신을 만들어낼 것입니다. 얼마나 밝고 찬란한 미래입니까."

실제로 구글은 가장 실패를 많이 하는 기업 중 하나다. 다양한 분야에서 새로운 시도를 많이 하기 때문이다. 구글은 실패한 경험이 다음 기회에 성공의 자양분이 될 수 있다고 믿는다. 그리고 실패를 너그럽게 받아들인다.

미국은 국가적 당면과제를 '혁신과 미래산업의 육성'으로 인식하고 2016년도에는 이에 대한 예산계획을 발표했다. 미국의 혁신 전략은 기초연구에 대한 세계 최고 수준의 투자, 차세대 디지털 인프라 구축 등으로 설명된다. 또, 민간 혁신활동을 촉진시키기 위해 혁신기업가에 대한 지원을 강화하고, 혁신을 촉진하기 위한 규제를 개선하는 등의 전략적 계획을 세웠다. 하지만 이 같은 전략은 2016년에 새롭게 세워진 것이 아니다. 미국은 지난 수백 년간 첨단기술에 도전해왔고, 그 결실이 오늘날 미국을 만들어냈다.

"오늘의 혁신에 모든 걸 거는 국가가 내일의 경제를 움켜쥐리라는 것을 우리는 알고 있습니다. 이것은 미국이 포기할 수 없는 부분입니다. 정부 지원금을 받은 연구는 지금의 구글과 스마트폰을 가능하게 한 기술개발을 이끌어냈습니다. 그것이 바로 의회가 작년에 삭감한 기초연구 예산을 회복해야 하는 이유입니다. 다시 한 번 미국에서 위대한 발명이 일어나도록 해야 합니다." _ 오바마 대통령 국회 연설 중에서 언젠가 미국 경제는 다시 불황기를 맞을지도 모른다. 그러나 혁신에 대한 믿음과 기업가정신이 계속 이어지는 한 미국은 다시 비상할 것이다. 지금 미국은 더 높은 비상을 준비하고 있다.

크리슈나 사라스왓
스탠퍼드대학교 전자공학과 교수

만약 미국이 새로운 생각을 수용하기를 멈추고 그 위험을 감수하기를 멈춘다면, 그것은 곧 미국의 추락을 의미할 것입니다.

대한민국은 창업하기 좋은 나라인가

한국은 소자본 1인 창업 비율이 높은 나라 중 하나다. 직장을 찾지 못했거나 직장을 그만두어야 하는 상황에서 경제활동을 할 수 있는 최후의 수단으로 창업을 선택하기 때문에 한국은 생계형 창업이 많다. 현대경제연구원이 2016년 4월에 발표한 보고서에 따르면 한국은 생계형 창업을 하는 경우가 63%나 되지만 미국은 26%에 불과한 것으로 나타났다. 또, 창업 실패에 대한 두려움을 느낀다고 한 응답자는 한국은 42%, 미국은 29.7%였다.

한국의 창업자들에게 실패에 대한 두려움이 더 큰 이유는 재도전하는 데 필요한 '자금조달 시스템'이 취약하기 때문이다. 실제로 한국의 재창업 횟수는 0.8회로 미국의 1.8회에 비해 절반 수준에도 미치지 못한다.

청년 창업이라고 해서 상황이 더 나은 것은 아니다. 한국무역협회 국제무역연구원에서 2015년 12월에 발표한 한중일 청년창업 조사 보고서에 따르면 한중일 대학생 모두 창업에 지대한 관심을 갖고 있는 것으로 나타났다. 첫 번째 이유는 자유롭게 일하고 싶어서고, 두 번째 이유는 취업하기 어렵기 때문이다. 하지만 정작 창업을 하는 데에는 어려움을 겪는다. 그 이유로 한국 청년들은 실패에 대한 위험부담과 자금 확보의 어려움을 들고 있다. 그런데 한국 청년들과는 다르게, 중국 청년들은 창업의 어려움으로 창업 아이템 부재를 꼽았고, 일본 청년은 정보 부족을 꼽았다. 즉, 한국 청년들은 실패에 대한 두려움이 크며, 자금 확보에도 큰 어려움을 겪고 있다. 이 때문에 한국은 주로 요식업 창업 같은 생계형 창업에 대한 의향이 31.3%로 가장 높게 나온 반면 중국은 혁신형 창업과 연관된 분야가 20.1%로 가장 높았다. 해외진출을 고려하는 경우도 한국은 32.4%에 불과해 84.6%에 이르는 중국의 절반에도 미치지 못한다.

정리하자면, 한국 청년들은 창업에 대한 꿈을 갖고 있지만 자금이라는 현실적 문제, 실패에 대한 두려움에 발목이 잡혀 창의적이고 혁신적인 창업보다는 현실 안주형 창업에 더 많은 관심을 갖고 있다는 말이다. 결국 청년 창업과 실패에 대한 한국 사회의 지원과 투자가 부족하기에 나타난 결과이다.

반면, 미국 사회는 투자가 활성화되어 있다. 학연, 지연 등이 없어도 능력만으로 얼마든지 투자를 받을 수 있다. 투자를 통해 자신의 꿈을 이룰 수 있는 가능성은 젊은 인재들을 미국으로 향하게 한다. 이들은 대부분 실리콘밸리에 터를 잡는다.

실리콘밸리는 미국에서도 가장 활발하게 창업이 일어나고 있는 곳이다. 이는 실리콘밸리가 갖추고 있는 여건 때문이다. 일단 실리콘밸리엔 스탠퍼드나 버클리 등의 대학들이 포진되어 있는데 이들 대학에선 창업과 관련된 기술개발이 활발하게 이루어진다. 두 번째로 구글, 페이스북, 인텔 등 수많은 업체들이 실리콘밸리에 몰려 있어 창업하기에 좋은 분위기를 만들어낸다. 마지막으로 실리콘밸리는 창업자를 위한 지원시스템이 그 어느 도시보다 잘 구축되어 있다. 법률자문, 회계자문, 투자협회 등이 창업자를 위해 움직인다.

투자의 형태에 있어서도 실리콘밸리는 한국과는 다른 양상을 보인다. 한국에선 일반적으로 투자하는 쪽이 갑이고 투자를 받는 쪽이 을이다. 하지만 미국에선 오히려 창업자가 갑이고 투자가가 을이 될 수도 있다. 아이디어와 상업성이 좋은 창업은 누구에게나 투자 받을 수 있기 때문이다. 게다가 투자자가 누구에게 투자하는지에 따라 자

실리콘밸리
캘리포니아

▌미국에서도 가장 활발하게 창업이 일어나고 있는 실리콘밸리.

기 가치를 높일 수 있는 분위기다.

 이와 같이 실리콘밸리에 투자조성이 잘되어 있는 이유 중에는 투자 받아 창업한 사람들의 성공 사례가 많다는 것도 있다. 그러다보니 창업자뿐 아니라 투자자들도 믿음을 갖게 되는 것이다. 창업자는 '나도 한 번 해볼 수 있다'는 마음으로 시장에 뛰어들고 투자자는 '그래, 넌 할 수 있을 거야'는 마음으로 지원을 아끼지 않는다. 기존의 성공 사례와 믿음이 사람들에게 자신감을 가지게 한다.

 하지만 한국의 경우엔 '할 수 있다는 자신감'보다 '실패에 대한 두려움'을 더 많이 가진 채 시작한다. 현실이 이러하다보니 빅 데이터나

클라우드처럼 시장의 판도를 완전히 바꿀 수 있는 기발하면서도 파괴적인 아이템을 갖고 있어도 쉽게 시장에 뛰어들지 못하고 주저한다. 사실 자신감을 갖고 뛰어든다 해도 미국처럼 법률자문, 회계자문 같은 지원 시스템을 받지 못하기 때문에 한국 창업자는 더더욱 어려운 길을 걸을 수밖에 없다. 그럼에도 한국의 스타트업 성공 사례는 굉장히 많은 편이다. 네이버, 카카오, 엔씨소프트, 넥슨 등을 들 수 있다. 이들 기업은 실리콘밸리에서도 대단히 좋은 성공 사례로 인정 받고 있다.

사실 창업지원 시스템이 좋은 편이 아님에도 이러한 사례들이 꾸준히 나오는 건 고무적인 일이다. 이는 한국인 개개인의 역량이 그만큼 뛰어나다는 것을 의미하기도 한다. 그러나 경쟁력 있는 창업 생태계를 구축하지 못하는 한국 사회의 현실은 더 많은 성공 사례를 가질 수 있음에도 그러지 못하게 하는 방애물로 작용한다.

중국의 경우만 해도 청년 창업의 활성화를 위해 장기적인 시각에서 대학 중심의 선순환 창업 생태계를 조성하고 있다. 이를테면, 북경 중관촌에 대학과기원, 유학생창업단지, 창업 유관시설 등이 유기적으로 통합된 '중창 공간'을 조성하고, 대학생 창업가는 저렴한 비용으로 전문적인 창업지원 서비스를 이용할 수 있는 식이다. 또, 미국과 마찬가지로 실패를 자산으로 간주하고 실패 경험이 있는 창업가를 우선적으로 투자하는 문화를 보편적으로 확립하고 있다.

서남표
전 카이스트 총장

혁신의 사슬(innovation continuum)이 있어야 합니다. 혁신의 사슬이 무엇이냐면, 처음 단계에서는 대학도 있고 연구기관도 있어야겠지만, 마지막 단계에서는 생산시설이 있어야 하고, 중간 단계에는 투자회사 같은 기관도 필요하죠. 학교뿐만 아니라 이런 혁신의 사슬 전체가 있어야 첨단산업이 형성되는 것입니다.

음재훈
트랜스링크캐피탈 대표

제작진 미국은 전 세계적으로 창업자들이 가장 많은 나라입니다. 그 이유를 어디에서 찾을 수 있을까요?

음재훈 그동안 창업에 성공한 사례들이 많이 나옴으로써 창업지망생들한테 어떤 가능성을 주는 거죠. 그리고 사실 여기 실리콘밸리는 지역이나 조직사회보다 훨씬 더 능력주의 중심입니다. 그래서 이민자라 해도 능력만 있으면 창업할 수가 있죠. 좋은 자본을 끌어들이고 좋은 사람을 영입해 창업을 성공적으로 할 수 있는 겁니다. 이러한 성공 사례들이 결국엔 더 많은 인재를 끌어들이고, 창업을 양산시키고, 투자를 활발하게 할 수 있는 선환구조를 가지게 하는 거죠.

저희 회사에서 투자한 회사가 지금까지 40개 정도 되는데요. 재미삼아서 창업자들의 출생국을 살펴본 적이 있었는데 18개 국 출신으로 정말 다양했습니다. 유럽 쪽에서는 프랑스, 스페인 출신부터 러시아, 아르메니아 출신도 있었고, 아시아 쪽에서는 당연히 한국 출신 창업자들, 일본, 대만, 중국, 인도, 베트남 출신이 있었어요. 남미 출신도 있고 굉장히 다양했어요.

제작진 미국을 창업의 나라라고 하는데 실제로 그렇게 생각하십니까?

음재훈 미국도 굉장히 경제가 다양하고 지역도 넓고 지역마다 특색들이 다른데요. 창업이라는 것이 전반적으로 활발한 것은 맞습니다만 미국 전체에서 창업이 일반화되어 있다기보다는 실리콘밸리 같은 일부 지역에서 창업이 굉장히 일반화되어 있는 거라고 봅니다. 물론 동부나 중부, 남부 쪽에도 창업하는 사람들이 분명히 있습니다. 하지만 그 지역들은 창업하는 게 보통의 일은 아니에요. 실리콘밸리의 경우는 창업하는 게 보통이고, 창업가를 중심에 두고 나머지 업종들이 창업자를 지원하는 역할을 하도록 구조화되어 있어요. 법률자문, 회계자문, 그리고 저희 같은 벤처 투자사도 어떻게 보면 그런 창업가들을 지원하는 산업들이지 않습니까. 미국 내 어느 지역보다 실리콘밸리에 그런 지원시스템이 잘 구축되어 있죠.

제작진 미국이 산업별로 전 세계를 주도하는 힘은 미국에 많은 창업자들이 있기 때문인가요?

음재훈 야구 경기로 치자면 미국은 세계 각지에서 베스트 멤버들이 모여 있는 팀입니다. 반면, 한국은 단일팀이죠. 한국 대표선수들이 세계적인 수준이긴 하지만 문제는 한국엔 그런 팀이 하나밖에 없고, 미국에는 스무 개쯤 있다는 거죠. 실리콘밸리는 바로 세계 각지에서 베스트 멤버들이 모여 있는 팀이라고 보시면 됩니다. 베스트 멤버들이 모여 있기에 그만큼 퀄리티가 높은 거죠.

제작진 미국의 투자와 한국의 투자가 다른 점이 있다면 무엇입니까?

음재훈 최근 한국에서도 벤처 투자업계가 진화하고 발전한 것은 틀림없습니다. 한국이든 미국이든 투자하는 사람은 돈 놓고 돈 먹기를 하는 비즈니스를 하고 있는 것이죠. 그런데 미국에선 단기적으로 생각하기보다 좀 더 장기적으로 보고 크게 키우려 하는 경향이 있습니다. 한국에서 물론 스타트업부터 시작해 크게 성장한 기업들이 분명 있습니다. 하지만 미국에선 그 규모가 훨씬 더 크지요. 대표적으로 페이스북 같은 경우엔 시가총액이 국내 어떤 대표적인 IT기업보다 훨씬 더 큰 규모로 자리를 잡고 있습니다. 구글도 마찬가지고요. 이렇게 큰 성공 사례가 있다 보니 투자자들도 좀 더 차분하게 여유를 갖고 기다리는 거죠.

제작진 실리콘밸리의 경우 '엔젤투자'라는 것이 있죠? 성공한 기업 총수가 다시 투자를 하는 것을 엔젤투자라고 한다고 알고 있는데요.

그것에 대해서는 어떻게 생각하십니까?

음재훈 미국의 경우엔 이미 그 역사가 30년 이상 되었기 때문에 창업에 성공한 후 재차 창업하는 사람들이 다수 있습니다. 그리고 이들은 실제로 자기 조직에 있던 사람들의 창업을 지원하고 투자하죠. 이런 부분이 굉장히 활성화되어 있습니다. 가장 대표적인 예로, '페이팔 마피아(Paypal Mafia)'가 있습니다. 전자상거래 회사 페이팔을 이베이에 매각하는 데 성공한 페이팔 출신 인사들이 자기 밑에서 일하던 주니어 엔지니어나 임원 등 누구든지 창업할 때 투자를 해주었죠. 그 덕분에 이들은 훨씬 더 유리한 조건에서 창업을 시작할 수 있었습니다. 투자 유치와 인재 유치가 가능하니 성공할 확률이 높은 거죠. 이렇게 성공한 이들은 또 다른 이들을 지원해 성공 사례를 연차적으로 만들어냅니다.

PART 2

제조업 르네상스

05

제조업을 통해
경제 부활을 꿈꾸다

최악의 금융위기를 통해 깨달은 제조업의 중요성

미국은 1990년대까지만 해도 세계 제조업 생산에서 30% 이상을 차지해왔던 제조업 최강국이었다. 그런데 지난 20년간 미국의 제조업은 급격히 약화됐다. 제조업 대신 금융업이 각광받았기 때문이었다. 금융업은 제조업에 비해 부가가치가 훨씬 높은 편이라 미국에 엄청난 부를 안겨주었다. 이로 인해 기업들은 짧은 시간 안에 성과를 내기 위해 마케팅과 금융업에 힘을 쏟았다. 제조업은 한국이나 중국 같은 신흥국에서 저렴하게 할 수 있었으므로 제조업 공장을 다른 나라로 이전했고 투자를 줄였다. 이 같은 경제구조의 변화는 지난 20년 동안 미국에게 엄청난 부를 안겨주었지만 그만큼 큰 위험부담을 떠안아야 했다. 부채비율이 높아야 200%를 넘지 않는 제조업에 비해 금융업의 부채비율은 대부분 800%를 상회한다. 재정 상태가 탄탄하다고 평가받는 금융기관이라 해도 제조업보다 훨씬 위험가중자산이 크다. 게다가 거시경제에서 금융업이 차지하는 비중이 높아짐에 따라 금융기관의 파산은 사회적 파장이 클 수밖에 없다. 금융위기 이후 미국이 경제 전반에 걸쳐 침체기를 겪게 된 것도 바로 이러한 이유 때문이다.

금융위기 이후 많은 이들은 실물경제침체의 장기화를 우려했다. 미국 정부는 위기에서 벗어나기 위해 구제금융, 금리인하 조치, 유동성의 무제한 공급 등 강력한 대책을 실시했다. 하지만 현실적으로 정부에서 금융기관의 부실채권 보유 실태를 파악하기가 어려운 데다 금융위기와 함께 급속하게 확산된 실물경제의 위기를 막는 데도 역부족이었다.

리먼 브라더스 파산 / 2008년 9월

2008년 미국 금융위기

┃ 2008년 금융위기는 제조업을 줄이고 금융업 위주로 경제구조를 재편한 미국 경제에 큰 타격을 주었다.

실물경제의 위기는 수많은 기업들의 파산과 함께 실직자를 만들어냈으며 중산층의 몰락을 가져왔다. 고용 부진은 구매력을 하락시켰고, 구매력 하락은 다시 경기침체로 이어졌다. 이러한 악순환이 장기적으로 돌입하는 기미를 보였기에 미국 경제는 부진에서 벗어날 수 없을 것처럼 보였다. 그런데 그랬던 미국이 예상을 뒤집고 각종 경제지표에서 상승세를 보이고 있는 것이다.

조지프 나이
하버드대학교 공공정책대학원 교수

미국 경제는 몇 년 전부터 연간 2.5~3% 정도 성장하고 있습니다. 실업률도 5.1% 정도로 낮아졌는데, 이 정도면 거의 완전고용 상태라고 할 수 있죠.

윌리 시
하버드대학교 경영대학원 교수

미국 경제는 분명히 변화를 연장시키며 이전의 불경기로부터 회복하고 있습니다. 여전히 급여 인상은 정체를 보이곤 있지만, 고용은 회복되었죠. 실제로 몇 달 전엔 실업률이 최하점을 찍었어요.

▎미국 경제 부활의 중심에는 강한 경쟁력으로 다시 태어난 제조업이 있다.

미국 경제가 이처럼 살아난 배경에는 제조업의 부활이 있다. 미국은 2008년 금융위기를 겪으며 '굴뚝 없는 산업'인 금융업이 신기루에 불과하다는 것을 절실하게 깨달았다. 금융업은 자본주의의 꽃이다. 금융업 없이는 자본주의의 발전이나 제조업의 성장을 꾀하기 힘들지만, 금융업이 사막 위에 세운 성이 되지 않기 위해서는 실물경제라는 탄탄한 땅을 필요로 한다. 실제로 부가가치를 창출하는 것은 제조업이지 금융업이 될 수는 없었던 것이다.

토드 셸튼
의류 회사 토드 셸튼 대표

2008~2010년까지의 미국 경기침체는 미국 사회에 지각을 창조했다고 생각합니다. 일자리의 중요성에 관한 지각이죠. 그리고 일자리 측면에서 제조업이 사회에 의미하는 바도 지각했을 겁니다.

제조업 풍토를 개선하기 위한 정부의 제조업 강화 정책

2008년 금융위기는 미국 경제를 신기루처럼 무너뜨렸다. 미연방정부는 경제를 살리기 위해 기준금리를

0% 수준으로 낮추고 엄청난 돈을 시장에 푸는 양적 완화를 실시했지만 이는 미국 통화가치를 하락시키는 결과를 낳았다. 금융위기 후 미국인들은 금융업의 과도한 성장과 제조업의 약화가 결국 경제를 위태롭게 하고 일자리를 줄어들게 한다는 사실을 깨달았다. 이는 곧 '미국 경제의 새로운 엔진은 제조업'이라는 인식으로 이어졌으며 오바마 정부가 2009년부터 제조업 육성 정책을 내놓기 시작하는 배경이 된다. 오바마 대통령은 다음과 같이 수차례에 걸쳐 '미국 경제의 새로운 엔진은 제조업'이라고 강조했다. 제조업을 일으켜서 일자리를 늘리자는 의미다.

"이번 주 국회는 미국 경제 회복을 위한 재투자 법안을 통과시켰습니다. 이 법안은 몇 년 간 300만 개의 일자리를 만들 것입니다." _ 오바마 대통령 2009년 연설 중에서

"어떤 사람들은 경제 하락은 불가피하며 미국이 앞서 나가기 위한 유일한 방안은 제조업체와 근로자들을 줄이는 것이라고 말합니다. 나는 그렇게 보지 않습니다." _ 오바마 대통령 2010년 연설 중에서

"미국 제조업체들은 새 일자리를 창출하고 있습니다. 이는 회사를 위해서도 좋은 일이지만, 경제 전반에도 좋습니다." _ 오바마 대통령

오바마 정부가 제조업 강화 정책으로 내세운 첫 걸음은 세제 개혁이었다. 해외에 공장을 둔 업체가 미국으로 이전하면 기존에 35%였던 세금을 25~28%로 감면해주었으며, 해외공장 이전 비용의 20%, 임금의 10%를 지원해주었다. 금융위기 직후 8~9%까지 달하는 높은 실업률을 해결하고 경기를 활성화시키려면 먼저 양질의 일자리를 창출해야 했는데 제조업의 육성이 가장 좋은 방법이라는 판단에서였다.

윌리 시
하버드대학교 경영대학원 교수

미국 역사에서 제조업은 특별한 교육을 받지 않은 사람들을 대거 중산층으로 편입시키는 수단이었죠. 오바마 정부는 미국의 제조업 상실에 대해 걱정이 많았어요. 그래서 다양한 정책으로 제조업을 다시 살리려 노력했습니다.

흔히 '오바마노믹스'라 불리는 경제정책의 핵심은 '양질의 일자리 창출로 중산층 회복을 꾀하고 지속가능한 성장을 이루는 것'에 있다.

▍오바마 정부는 제조업을 미국 경제의 새로운 엔진이라 보고 제조업 육성을 통해 일자리를 늘리려고 했다.

때문에 오바마는 '기업이 국내에 일자리를 다시 불러온다면 정부는 기업이 성공할 수 있도록 최대한 뒷받침할 것'이라는 기조를 유지하고 있는 것이다. 이러한 기조 아래에서 오바마 정부는 규제를 강화하고 시장에 개입하는 '큰 정부'를 내세우고 있다.

해리 모세르
리쇼어링 이니셔티브 회장

해마다 14만 개의 일자리를 잃다가 이제는 1만~2만 개 정도의 일자리를 만들어내고 있어요. 엄청나게 큰 변화죠. 아주 큰 손실에서 작은 성장으로 전환할 수 있었으니까요.

제조업을 강화시키는 정책은 부시 정부가 행했던 '신자유주의'에서는 이루어지기 어렵다. 제조생산 능력의 상실을 우려한 오바마 정부는 야당으로부터 '규제 정부'라는 비난을 듣는 것을 감수하고서도 제조업 육성 정책에 박차를 가했다. 세제 개혁뿐 아니라 외자유치 창구를 단일화한 '원 스톱 서비스'를 실시해 공장의 이전 절차를 보다 쉽게 할 수 있도록 했고, 제조업 혁신 예산금을 지원하도록 했다.

또, 국립제조업 네트워크 연구소 등을 통해 제조업의 생산 능력 일부를 재구축하도록 추진하기도 했다. 이 외에도 여러 계획을 발의하여 보다 많은 이들이 미국 내 제조업에 관심을 가지도록 했으며, 새로운 선진기술의 초기 단계 개발에 나설 수 있도록 노력했다. 즉, 전반적으로 제조업 풍토를 개선시킨 것이다. 그 결과, 해외로 나간 기업들이 하나둘씩 미국으로 들어오기 시작했고, 돌아온 제조업으로 300만 개의 일자리를 창출하는 성과를 낼 수 있었다.

제조업 부활로 살아나는 소비 시장

오바마 정부의 제조업 강화 정책 이후 미국 경제는 위기에서 빠져나와 큰 변화를 보였다. 가장 큰 변화는 일자리 창출로 인해 많은 사람들의 지갑에 돈이 돌기 시작했다는 것이다. 이는 곧 소비의 활성화로 이어졌다. 그 대표적인 예가 주택 시장이다.

미국 주택시장은 2011년 이후 빠르게 가격을 회복했고, 거래량도 늘었다. 미연방 주택금융협회의 자료에 의하면 주택 구매지수는 2011년 이후 매년 3~8%씩 상승하고 있다. 시내 곳곳에선 아파트와 빌딩을 공사하는 현장을 쉽게 볼 수 있으며, 주택 착공 건수도 꾸준히 늘어나고 있다. 미국 상업용 부동산의 가격은 금융위기 직후와 비교하면 2배 가까이나 올랐다. 뉴욕은 부동산 시장의 열기가 그 어느 도시보다도 뜨겁다. 부동산 가격이 쉼 없이 오르고 있어서다.

토니 박
뉴욕 부동산 중개인

2008년 무렵보다 뉴욕 부동산 시세는 2배로 뛰었습니다. 평방피트당 1,600달러 상당의 콘도를 사려 했던 분들은 현재는 3,000달러까지 지불하고 있죠. 뉴욕의 경제위기는 늘 있었지만, 부동산 시세는 30~50%까지 올랐습니다.

캘리포니아의 주택 거래량도 2007년 이후 최고치를 기록하고 있으며 100만 달러가 넘는 고급 주택에 대한 수요가 급증하고 있다.

주택구매 지수 추이
(1991년 1월을 100으로 봤을때)

출처: 미연방 Housing Finance Agency

183.6 191.3 206.9 217.3 224

2011.8월 2012.8월 2013.8월 2014.8월 2015.8월

▎미국 주택 시장은 2011년 이후 빠르게 회복되고 있다. 고급 주택의 수요도 급증하고 있고 시
내 곳곳에선 아파트와 빌딩 공사 현장을 쉽게 볼 수 있다.

이러한 열기는 지방 소도시에까지 퍼지고 있다. 우리 돈 5억 원 정도의 집이 나오기가 무섭게 팔려나갈 정도다. 텍사스 주의 한 소도시의 집값은 1년 사이에 17% 오르기까지 했다. 인구의 증가는 집값에 큰 영향을 미치는데 이 도시의 인구는 2년 안에 59% 정도 늘어날 것으로 예상하고 있어서 집값이 더 오를 것으로 보인다. 한동안 경색된 부동산 시장이 활발하게 움직이기 시작한 것은 미국의 내수경제가 살아나고 있기 때문이다.

특히, 글로벌 금융위기의 진원지였던 뉴욕 맨해튼은 그 어느 때보다 화려해졌다. 밖으로 나오는 사람이 많아지고 상점에도 사람이 많

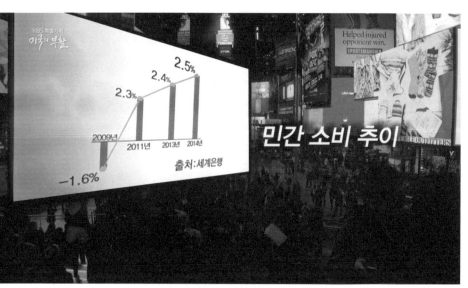

▎금융위기 이후 줄어들었던 민간 소비도 살아나기 시작했다.

아진 탓이다. 일자리가 많아지면서 개인의 소비지출이 금융위기 이전으로 회복되었기 때문이다. 거리에서 만난 시민들도 확실히 경제가 회복된 것 같다고 말한다. 또, 정부가 더 많은 일자리를 만들어내고 있음을 느낀다고 말한다.

전병제
코트라 디트로이트 무역관 관장

지금 미국 경제의 근간을 이루고 있는 것이 소비인데, 소비에 있어서 가장 중요한 고용이 확대됐습니다. 실업률이 사상 최저에 달할 정도로 경기가 좋아져서 국민들의 생활수준이나 질적인 부분이 많이 개선됐다고 볼 수 있죠.

미국 정부의 자동차 산업 개입

미국 경제를 다시 일으켜 세운 힘은 제조업이다. 특히 자동차 산업의 부활은 눈부실 정도다. 2008년 이후 미국의 자동차 기업은 공장을 폐쇄시키고 직원을 감원하는 초강수를 두어야만 했다. 금융위기와 함께 찾아온 재정난을 극복하지 못했기 때문이다. 금융시장의 몰락이 가져온 불황으로 당시 세계 최대의 자동차 기업 GM이 법정 관리에 들어갔고, 크라이슬러는 이탈리아 기업 피아트에 팔렸다.

자동차 산업의 도시 디트로이트도 자동차 빅 3 기업과 함께 무너졌다. 하지만 2015년 미국 자동차 시장은 1년 사이에 5.7% 성장했다. 특히 빅 3의 경우엔 금융위기 직후 450만 대로 떨어졌던 미국 내 자동차 판매량이 2014년 기준으로 950만 대까지 회복했다. 이에 박차를 더해 GM은 1조 5,600억 원, 포드는 1조 3,200억 원, 크라이슬러는 2조 7,600억 원의 규모로 투자를 해 미국 지역 내에서 생산 설비를 확대하고 있다.

한때 파산까지 신청했던 과거 자동차 산업의 메카, 디트로이트는 자동차 산업이 부활한 덕분에 되살아나고 있다. 한때 멈췄던 이 공장은 이제 쉴 틈 없이 돌아간다. 2008년에는 2교대로 하루 8시간씩 일주일에 5일간 일했던 공장 노동자들은 이제 일주일 내내 근무하기도 하고, 2교대로 하루 10시간씩 근무할 정도로 바빠졌다.

빅 3의 부활을 성공적으로 이끈 요인은 경영 개선을 끊임없이 시도한 기업과 2015년까지 무파업 노동을 한 전미 자동차 노조의 노력이라고 할 수 있다. 하지만 무너진 자동차 산업을 살리기 위해 다양한 회생 방안을 내놓은 미국 정부의 개입이 없었더라면 이렇게 노력할 수 있는 기회조차 없었을 것이다. 경제위기 당시 미국 정부는 GM

과 크라이슬러사에 파격적인 지원을 해주었다. 2009년 구제금융 자금을 약 96조 원 투입했는데 이 중 GM에 36조 원, 크라이슬러에 4조 8,000억 원이 돌아갔다. 공적 자금을 수혈해 기업의 생명력을 연장시킨 것이다. 그런 한편 미국 정부는 기업들에게 변화를 요구했다.

"역사상 처음으로 새로운 국가 표준을 마련할 것입니다. 미국에서 판매되는 모든 차량의 연비를 높이고 온실가스를 줄여야 합니다."
_ 오바마 대통령 2009년 GM 공장 방문 연설 중에서

오바마 정부는 무너진 자동차 산업을 살리기 위해 다양한 회생 방안과 함께 미래 자동차 산업 육성 정책을 시행했다.

실제로 미국의 자동차 회사들은 디자인, 품질, 연비 등에서 많은 변화를 꾀했다. 특히 연비는 오바마 정부가 요구하는 기준에 따라 북미 지역의 모든 자동차 회사들이 개선 중에 있다. 이러한 변화의 연장선상에서 미국 자동차 산업은 경차 개발에도 박차를 가하고 있다.

금융위기 이전만 하더라도 미국의 차는 대부분 대형이어서 기름을 많이 먹었다. 디자인적인 면도 그다지 뛰어나지 않는 차들이 많았다. 그나마 포드가 금융위기 2년 전부터 경차 생산을 도입했는데 바로 그 때문에 다른 자동차 기업에 비해 타격이 덜한 편이었다. 이 같은 사례는 다른 두 기업도 연비 좋은 경차를 개발하는 데 박차를 가하게 했다.

전병제
코트라 디트로이트 무역관 관장

지금 미국의 빅 3 자동차는 과거 미국의 전형적인 모델이 아닙니다. 글로벌한 디자인을 도입하여 전 세계에서 수용할 수 있게 바꿨죠. 생산 연비 부분에서도 지금 전 세계적으로 생산 연비를 절감해야 할 상황이기 때문에 경량화 연비와 고효율을 지향하고 있습니다.

황찬규
현대모비스 디트로이트 공장 부장

디자인, 품질, 연비 쪽이 많이 달라졌다고 봅니다. 연비는 오바마 정

부가 요구하는 기준에 따라서 북미 지역의 모든 자동차 회사들이 연

비 개선을 하기 위해 노력하고 있는 상황이고요.

미국 정부는 기존 자동차 기업의 회생뿐 아니라 전기자동차와 같

은 미래 자동차 산업의 육성에도 강력한 정책을 시행하고 있다.

폴 로머
뉴욕대학교 스턴경영대학원 교수

제작진 미국 경제는 2008년의 불경기로부터 회복되고 있습니까?

폴 로머 미시경제 변동을 우려할 때 보는 지표로 실업률과 물가상승률이 있습니다. 전 세계적으로 물가 상승률은 여전히 매우 낮습니다. 그런 한편, 여러 국가의 실업률은 여전히 매우 높죠. 그래서 정부는 현재 실업률을 낮추는 데 좀 더 초점을 맞추어야 하는 거죠. 미국은 현재 고용 증가와 실업률 하락이라는 과정을 지나가고 있습니다. 회복 과정은 정부가 통화 정책 및 지출 정책과 함께 올바른 조치를 취한다면 속도를 높일 수 있습니다.

제작진 부동산 시장도 경기회복의 지표로 볼 수 있을까요?

폴 로머 그렇죠. 하지만 부동산의 일부는 고작 종이 몇 장을 뒤섞는 것과 같습니다. 만일 제가 집을 당신에게 팔았다가, 다시 내게 그 집을 팔았다면, 우린 이를 통해 많은 매매를 발생시킬 수 있죠. 그러나 이런 거래가 뭔가 새로운 것을 구축하지는 않습니다. GDP나 결과에 주로 기여하는 것은 바로 새로운 구조들을 구축하기 위한 투자들입니다. 집값이 높이 올라갈 때는, 새로운 건물과 주택을 짓는 데 많은 투자를 하죠. 집값이 폭락하면 주택 건축을 중단할 테고, 그런 활동에 들어가는 투자도 훨씬 적어집니다. 그럼 건설 현장에서 일하던 노동자들은 다른 분야에서 직업을 찾아야 하죠.

제작진 오바마 대통령은 미국 내 제조업에 많은 역점을 두고 있습니다. 제조업을 부흥시키려는 오바마 대통령의 이론은 무엇이라 보십니까?

폴 로머 고용률에 박차를 가하기 위해 정부가 할 수 있는 일은 뭐가 됐든 바람직한 겁니다. 그러나 미국은 전반적으로 산업적인 정책 없이 성공을 이루었습니다. 이 분야나 저 분야에 고용을 더 늘릴 계획을 세우는 정책 없이도 말이죠. 미국은 시장이 인적 재능을 이용할 최선의 방식을 알아서 결정하도록 내버려둠으로써 성공을 거둔 겁니다. 미국은 대체로 시장이 그런 결정을 내리도록 내버려두었죠. 제조업을 어디에 자리해야 하는지, 사람들은 무엇을 해야 하는지에 대한 결정들을 말이죠.

06
리쇼어링, 미국으로
다시 돌아오는 기업들

제조업 전반에서 일어나는 리쇼어링

1950년대의 미국 기업들은 생산 공장을 일본, 한국, 대만, 중국, 인도 등으로 이전하기 시작했다. 외국에서 생산한 제품을 다시 미국으로 가져오는 시스템을 택한 것이다. 이를 '오프 쇼어링(off-shoring)'이라고 한다. 오프 쇼어링의 유행은 월 스트리트의 급속한 성장과 긴밀한 관계가 있다.

월 스트리트의 성장은 기업들이 지속적인 상승세를 타지 않으면 생존할 수 없는 환경을 만들어내었기에 짧은 시간 안에 더 많은 소득을 얻는 방법을 찾아야 했다. 그 방법이 인건비가 저렴한 중국 같은 나라로 제조업을 옮기고, 자국에선 핵심역량이라고 할 수 있는 마케팅과 금융 분야에 힘 쏟는 것이었다. 그 결과 제조 산업은 쇠퇴하기 시작했고 많은 공장들이 문을 닫았다. 그런데 값싼 인건비를 찾아 외국으로 떠났던 기업들이 다시 미국으로 돌아오고 있다. 이처럼 다시 미국으로 돌아와 자국의 노동력을 활용해 생산하는 것을 '리쇼어링(re-shoring)'이라 한다. 리쇼어링은 미국 제조업 부활의 또 다른 힘이 되고 있다.

리쇼어링의 대표적인 기업으로는 장난감 업체인 '케넥스'가 있다. 미국에서 판매되는 장난감들 대부분은 '메이드 인 차이나'다. 그런데 특이하게도 케넥스는 중국에 있는 생산 공장을 미국으로 옮겨왔다. 이는 미국에 있는 경영 부서와 중국에 있는 생산 공장 간에 의사소통이 원활하지 못하고, 시장 상황에 발 빠르게 대응할 수 없다는 판단에 의한 결정이었다.

운송비에 대한 부담도 무시할 수가 없었다. 게다가 최종 소비자들은 돈을 더 지불하더라도 중국산 제품보다 미국산 제품을 구입하고 싶어 했다. 마케팅적인 면에서도 경제적인 가치에서도 미국으로 돌아오는 것이 케넥스에게 오히려 더 나은 선택이었다. 실제로 케넥스는 미국으로 공장을 옮긴 후에 매년 8% 이상의 성장세를 보이고 있다. 최근엔 70명의 직원을 추가로 고용하기까지 했다. 케넥스 공장이 들어선 이후, 인근 지역에 리쇼어링 바람이 불고 있다. 케넥스는 제

공장을 국내로 옮긴 미국 주요 기업들

애플(컴퓨터)　GE(세탁기)　포드(자동차)　GM(자동차)　오티스(엘리베이터)

보잉(비행기)　월풀(냉장고)　케터필러(중장비)

NCR(현금인출기)

브룩스 브라더스(의류)

공장이 기존에 있던 국가

캐나다
10건

멕시코
27건

중국
194건

일본
8건

인도
7건

대만
9건

출처: 리쇼어링 재단, 2014년 통계

▎리쇼어링이라 불리는 미국 기업들의 복귀가 활발히 일어나면서 새로운 일자리가 창출되고
있다.

조업 귀환의 상징이 되었고, 오바마 대통령은 케넥스를 직접 방문해 격려하기도 했다.

조엘 글래트먼
완구회사 케넥스 설립자

중국에서 했던 사업을 대부분 미국으로 가져왔어요. 중국에 아직 작은 사업이 몇 개 남아 있지만 현재 우리 사업의 99%는 미국에서 이루어집니다. 중국에서 만드는 것보다 비용 효율이 높습니다. 운송비를 걱정할 필요가 없으니까요. 경제적 측면에서, 마케팅 측면에서 미국에서 만드는 것이 훨씬 낫습니다.

이러한 사례는 의류 업계에서도 드러난다. 뉴저지엔 미국에서 보기 드물게 사내에서 디자인부터 옷을 만드는 제조 공정, 고객 지원까지 모두 이루어지는 회사가 있다. 컬렉션 전체를 자체적으로 제작하고 있는데 이는 업계에서 매우 드문 경우이다. 2002년에 설립된 토드 셜튼이라는 이름의 이 의류 회사는 몇 년 전까지 중국에 공장이 있었다. 미국의 다른 기업들처럼 중국에서 제조하는 것이 원가절감 효과를 누릴 수 있다고 생각해서였다. 당시에는 모두가 중국에서 제작을 했고, 토드 셜튼도 거기에 따랐다. 하지만 미국의 소비자들이

유행에 민감하게 반응하는 데 비해 멀리 떨어진 중국에서의 생산은 그 속도를 따라잡지 못했다. 또, 제조 공정이 중국에 있었기 때문에 회사의 전문성도 약화되고 있었다. 결국 미국으로 이전을 결심한 이 회사는 생산 방식부터 바꾸기로 했다. 제품을 제공하는 속도, 제공하는 방법, 새로운 제품이 출시되는 빈도 등 모든 것을 바꿨고, 똑같은 옷을 수백 벌씩 찍어내는 것이 아니라 고객 한 명 한 명의 사이즈와 요구에 맞춰 맞춤 제작을 하기로 했다. 이 방법은 고객들에게 좋은 반응을 얻고 있다.

▌토드 셜튼은 중국에 있던 공장을 미국으로 옮겨오며 대량 생산 방식 대신 고객별 맞춤 제작 방식으로 바꾸었다.

토드 셜튼
의류 회사 토드 셜튼 대표

미국으로 공장을 옮기면서 생산라인을 완전히 교체했습니다. 현재 우리는 제품을 생산하는 방법도 바꿨고 속도도 빨라졌죠. 새로운 제품을 테스트해서 그때그때 내놓을 수도 있고요. 이런 모든 것들이 매끄럽죠. 궁극적으로는 그것이 회사 제품의 경쟁력이 되었습니다.

리쇼어링이 활발해진 이후 미국에선 2만여 개에 달하는 일자리가 창출되었으며 한 사업마다 15만 달러의 매출 가치를 가지게 되었다. 오프쇼어링 현상이 지속되었던 2003년부터 10년 동안 제조업에서만 매년 14만 명이 일자리를 잃은 것에 비한다면 괄목할 만한 성장이다.

왜 다시 미국으로 돌아오는가

해외에서 다시 돌아오는 기업들은 미국 제조업의 견인차 역할을 톡톡히 하고 있다. 그런데 미국 기업들은 왜 다시 미국으로 돌아오게 된 것일까. 그 이유로는 크게 다섯 가지를 들 수 있다.

먼저 오프쇼어링의 취약성을 들 수 있다. 오프쇼어링은 제조업체가 임금이 싼 개발도상국으로 생산시설을 이전해 비용절감을 꾀하고자 하는 것이다. 하지만 본사와 생산 공장이 분리되어 있어 '공급망의 연장'과 '복잡성의 증가'라는 약점을 가진다. 이는 곧 시장 상황에 대한 대응력을 약화시키는 결과로 나타난다. 이를테면, 중국에서 생산하지만 미국 시장에서 판매될 세탁기가 문제가 생겼을 경우 그것을 수정하고 변화시켜 다시 미국으로 가져오기까지는 5~6주라는 시간이 걸린다. 생산 방식의 변경이 필요하거나 제품의 결합을 수정해야 할 때 재빨리 대처할 수 없다.

둘째, 비용에 있어서도 오프쇼어링은 그다지 효율성이 없다는 것이 밝혀졌다. 특히 무겁고 큰 제품들은 운송비 부담이 크다. 개발도상국에서 값싼 노동력으로 절약한 돈을 운송비로 쓰는 셈이다. 이 때문에 리쇼어링이 제일 먼저 이루어진 분야는 전자제품, 금속, 기계처럼 크고 무거운 것들이다.

셋째, 제조 방식의 변화를 들 수 있다. 기업들은 제조에 필요한 비용을 과거와 같은 시각으로 보면 안 된다는 것을 깨달았다. 인건비와 환율은 지속적으로 바뀌고 있기 때문에 기업들은 세금, 운송비, 지적재산권 같은 비용에 부담감을 가지기 시작한 것이다. 해외 인건비가 무척 낮았던 시절엔 여타 비용이 좀 들더라도 그것을 무시할 수 있는 여유가 있었다. 하지만 근래 들어 해외에서 생산한 제품과 국내에

브랜드/이미지 상승을 위해 58건
자동화의 장점 때문에 53건
해당 부문의 재(再)설계를 위해 40건
정부의 인센티브 때문에 35건
숙련된 노동력을 활용하기 위해 34건
미국의 낮은 전기가격 때문에 18건

공장을 옮긴 이유
출처:리쇼어링 재단, 2014년 통계

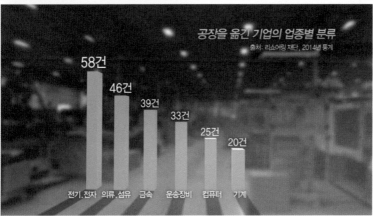

공장을 옮긴 기업의 업종별 분류
출처: 리쇼어링 재단, 2014년 통계

58건 46건 39건 33건 25건 20건
전기·전자 의류·섬유 금속 운송장비 컴퓨터 기계

▍값싼 인건비를 찾아 외국으로 떠났던 다양한 업종의 기업들이 여러 측면에서 미국 내 제조가 유리해지면서 미국으로 돌아오는 것을 선택하고 있다.

서 생산한 제품의 가격이 비슷해졌기 때문에 해외에서 제품을 생산해도 크게 이득을 볼 수 없는 상황이 되어버린 것이다. 해외에 공장을 둔 기업들 중 25%는 바로 이러한 상황에 직면해 있다.

해리 모세르
리쇼어링 이니셔티브 회장

기업들은 제조비용을 예전처럼 생각하면 안 된다는 걸 알게 되었습니다. 해외에서의 인건비와 환율이 계속 올라감에 따라 해외 공장의 이점이 줄어들었거든요. 게다가 세금, 운송비, 지적 재산권 등 기타 비용 때문에 미국으로의 이전을 고민하게 되었죠.

넷째, 제조업 풍토를 개선하기 위한 오바마 정부의 정책적 지원을 들 수 있다. 미국은 제조업의 쇠퇴와 함께 숙련된 제조업 노동자들도 줄어들었다. 숙련된 노동자들이 넘쳐나는 독일이나 스위스와는 상반된 현실이다. 이는 미국 기업들이 다시 돌아와도 숙련된 노동자들을 확보하기 어렵다는 단점으로 작용할 수 있다. 오바마 정부는 바로 이러한 단점을 극복하기 위해 적극적으로 증명서 프로그램, 지역대학 프로그램, 견습생 프로그램을 지원함으로써 기업이 필요로 하는 숙련된 노동자들을 양성하는데 도움을 주고 있다. 또, 해외로 나간 기업들이 국내로 들어올 경우 법인세율을 절감해주고 있다.

마지막으로 주정부뿐 아니라 자기 지역으로 기업을 끌어들이기 위한 시정부의 노력을 들 수 있다. 지역경제의 활성화를 위해 시정부는 자기 지역으로 들어오는 기업들에게 땅, 빌딩, 훈련, 세금 혜택 등의 인센티브를 경쟁적으로 제공하고 있다. 이러한 경우 기업들은 중국에서 미국으로 돌아올지 말지를 고민하는 것이 아니라 어느 지역으로 들어갈지를 고민하게 된다. 즉, 텍사스로 갈지 디트로이트로 갈지를 고민하게 되는 것이다.

해리 모세르
리쇼어링 이니셔티브 회장

제작진 리쇼어링 이니셔티브를 결성한 이유가 무엇입니까?

해리 모세르 저는 오랫동안 기업들과 공장들이 문을 닫고, 일자리들이 해외로 나가는 것을 봐왔습니다. 거시경제적인 시각으로 보면 미국은 현재 무역으로 인해 매해 5조라는 적자가 나고 있고, 300만 ~400만의 제조 산업이 살아남을 수 없게 되었기 때문에 이러한 현상을 내버려둘 수 없었습니다. 그래서 국가적 차원에서 리쇼어링이 필요하다고 생각했습니다.

제작진 리쇼어링이 미국 경제에 긍정적인 영향을 끼친다고 하시는데 특히 어떤 부분에서 큰 영향을 미치고 있습니까?

해리 모세르 제가 생각하기에 가장 큰 영향은 미국 기업의 자신감 회복입니다. 미국 기업들은 국내에서도 경제적으로 제품을 생산할 수 있다는 자신감을 되찾았습니다. 10년 전만 해도 미국의 인건비가 비싼 탓에 기업들은 자동적으로 해외로 나갈 생각부터 했습니다. 그런데 지금은 국내에서 모든 비용을 고려해 생산하는 것, 폐기물을 줄이는 것부터 시작해 더 나은 자동화 시스템을 실현할 수 있다는 믿음이 생겼습니다. 인건비가 40% 이상 차이가 났을 땐 불가능한 일이었죠. 하지만 지금은 20% 차이 밖에 나지 않습니다. 총 비용은 5%의 차이를 보이고 있고요. 이 때문에 미국 기업들은 국내 생산을 선택할 수 있게 된 것이죠. 그리고 미국 시장의 틈새가 메워지고 있는 것도 중요한 영향 중 하나입니다. 이전엔 그 누구도 생산하지 않았던 상품들이 하나 둘 국내에서 생산되기 시작했습니다. 부품 수준으로 틈새가 메워지면 그 위 수준의 제품 생산도 훨씬 더 수월하게 만들 수 있습니다. 이것이 미국 기업들이 국내 생산에 성공할 확률을 높여주고 있죠.

제작진 틈새시장이 채워진다고 말씀하셨는데, 그것은 관련 직종에 더 나은 홈그라운드 이점을 제공한다는 건가요?

해리 모세르 그렇죠. 이를테면, 애플 같은 회사에선 작은 전기 회로판이 필요하죠. 하지만 미국 내 기업들 대부분은 큰 회로판만 생산하고 있었어요. 그런데 지금은 많은 기업들이 작은 회로판을 생산하려고 노력하죠. 이렇게 국내에서 전기 부품들이 생산이 되면 애플 같은 기업들이 모든 부품을 외국에서 만들어 수입할 필요 없이 국내에서 조달할 수 있게 되는 것이죠.

제작진 리쇼어링이 사회 전체에 주는 이득으론 어떤 것이 있습니까?

해리 모세르 우리는 총 소요비용 시스템을 통해 기업의 영향력, 재정 증명서, 매출 등을 검토하고 있습니다. 이를 통해 리쇼어링이 미국 경제 전반에 미친 영향을 확인할 수 있죠. 일단 일자리 창출 측면에서 리쇼어링은 큰 효과를 내고 있습니다. 매년 2만 개 정도의 일자리를 창출하고 있으니까요. 오프쇼어링은 매해 14만 개의 일자리를 잃게 했으니 아주 높은 수치는 아닙니다. 하지만 리쇼어링이 아니었다면 우리는 여전히 매해 14만 개의 일자리를 잃게 되었겠죠. 그리고 지금은 리쇼어링이라는 바람이 불기 시작하는 때입니다. 이 바람이 자리를 잡으면 일자리 창출에서 훨씬 더 큰 효과를 보게 될 겁니다. 또, 국내로 돌아온 기업들이 내는 세금도 경제에 큰 도움이 되고 있죠. 직원이 증가하면서 세금이 더 늘게 되니 주정부의 빚과 재정 손실도 완화되고 있는 실정입니다.

제작진 이러한 분위기는 지역 경제에 어떤 영향력을 발휘하고 있습니까?

해리 모세르 제조업뿐 아니라 범위를 넓혀서 다른 분야에 대해 말하자면, IT와 소프트웨어 업종은 필리핀이나 동유럽 같은 해외에 생산 공장을 많이 배치해왔습니다. 그런데 그런 공장들이 미국 지방 쪽에 배치되면 그곳에서 대학을 졸업한 학생들에게 현지에서 일할 수 있는 기회를 제공하게 되죠. 물론 실리콘밸리에서 일하는 만큼 많은 돈을 벌지는 못하지만 지방의 저렴한 집값과 가족들과 가까이 거주할 수 있다는 점을 고려한다면 충분히 매력적인 일자리죠. 또, 이러한 방법으로 미국 소프트웨어 업종이 인건비를 줄일 수도 있습니다.

제작진 리쇼어링의 미래에 대해서는 어떻게 보시나요?

해리 모세르 저는 리쇼어링은 지속될 것이라 확신합니다. 하지만 리쇼어링의 지속성을 유지하려면 몇 가지 조건이 있습니다. 첫 번째론 리쇼어링의 목표와 성공의 지표는 무역적자의 상쇄입니다. 무역적자를 상쇄하기 위해선 얼마나 많은 시간이 걸리느냐의 문제는 통화가치에 달려 있다고 봐요. 이 때문에 달러 가치를 지금보다 훨씬 더 낮추어야 하죠. 두 번째론 기업들이 제품의 최종 가격만 보지 않고 좀 더 시야를 넓힐 수 있도록 이끌어내는 것이죠. 세 번째는 숙련된 노동자들을 양성하는 것이고요. 마지막으론 기업세금을 20%대로 낮추는 것입니다. 이러한 정책이 성공을 거두느냐에 따라 무역적자를 상쇄하는 기간이 결정될 것입니다.

07

지역 정부의
제조업체 **유치 경쟁**

일자리 창출에 기업의 국적은 중요하지 않다

2012년 일본 기업, 닛산은 미국의 테네시 주에 전기자동차 배터리 공장을 세웠다. 영국과 일본에 각각 배터리 공장을 두고 있지만 북미 시장에서 전기자동차의 판매가 원활하게 이루어질 것이라는 전략적인 판단에 의한 것이었다. 닛산의 전략은 전기자동차와 관련된 공급업체를 가능한 가까이 두어 고객에게 전달하는 총 수송비용을 축소시키는 데 있다. 그런데 놀라운 사실은 일본 기업인 닛산이 배터리 공장을 세울 때 미국 정부로부터 14억 5,000만 달러의 돈을 저금리로 지원받았다는 것이다. 이는 미국 기업 테슬라보다 3배가 넘는 자금이다. 뿐만 아니라 주정부가 지원하는 다양한 인센티브도 받고 있다. 미국 정부의 이 같은 지원은 '일자리 창출에 국적을 따지지 않는다'는 기조가 깔려 있다. 닛산이 테네시 주에 공장을 세우면 자연스럽게 고용으로 이어질 것이며 지역경제 성장에 긍정적인 영향을 끼칠 수밖에 없기 때문이다. 실제로 닛산의 테네시 공장은 425명의 직원을 채용함으로써 미국 정부가 바라는 고용창출을 구현하고 있다. 한 발 더 나아가 닛산에 물품을 공급하는 업체들의 고용창출까지 이루어지고 있기 때문에 경제 전반에 걸쳐 긍정적인 영향을 미치고 있다.

❙ 테네시 주정부는 일자리 창출과 지역경제 성장을 위해 일본 기업 닛산에 적극적인 지원 정책을 펼쳤다.

브라이언 설리번
닛산 북미 공장 생산 책임자

테네시 정부는 미국 내 자동차 산업에서 가장 큰 중심지 중 하나입니다. 주정부 차원과 연방정부 차원에서 자동차 산업을 위해 닛산이 성공할 수 있도록 좋은 기반 구조와 파트너십을 제공했습니다. 무상으로 제공하는 보조금은 아니었지만 미국 정부의 제조업 지원을 위한 저금리 융자를 받을 수 있었죠. 그 밖에도 여러 주정부가 지원하는 다양한 인센티브를 받았어요.

이처럼 외국기업이지만 미국 정부의 지원을 받는 기업들은 많다. 해외 투자자를 미국으로 끌어들여 일자리를 창출하고자 하는 미국 정부의 의지가 강력하기 때문이다. 지방 정부 역시 이러한 의지를 발휘하고 있다. 한 예로, 미국 텔레비전을 보면 종종 한국에선 볼 수 없는 광고를 볼 수 있다. 뉴욕 주나 조지아 주 등 많은 주들이 해외 투자자들을 끌어들이기 위해 자기 주가 갖고 있는 장점을 부각시키는 내용을 담고 있다. 각 주들 사이에서 경쟁이 벌어지고 있는 것이다. 이는 해외 투자자들을 미국으로 이끄는 견인차 노릇을 한다. 해외 투자자들에겐 어느 주가 더 자기 사업에 도움이 되는지 비교하고 선택할 수 있는 권한이 주어지는 셈이다. 따라서 기업은 이 같은 상황을 적절히 활용하기도 한다.

한국 기업, 삼동의 경우 테네시 주, 조지아 주, 오하이오 주에 공장을 두고 있다. 이처럼 공장을 분산시킨 것은 각 주마다 다른 유형의 장려책을 제공하고 있기 때문이다. 이를테면, 조지아 주와 테네시 주는 기업 인수보다는 스타트업 사업에 훨씬 더 많은 지원을 해준다. 특히 조지아 주는 인센티브 프로그램의 경쟁력이 높으며, 수출 사업 시 항만세를 공제해주고 있다. 이처럼 각 지방 정부는 기업에게 다양한 서비스와 네트워크를 제공함으로서 자기 지역의 경제를 활성화시키고자 한다. 심지어는 '스펙 빌딩(spec building)'을 제공하는 주도 있다. 스펙 빌딩은 지역 개발 당국이 개발 위원회와 함께 세운 빌딩으로 해외 기업에게 합리적인 가격으로 임대를 해준다. 여기서 더 나아가 토지 임대를 제공하는 주정부도 있다.

리온 멜로
삼동 미국법인 경영 자문

미국 정부는 일자리를 들여오려는 열망이 강합니다. 이 때문에 해외 투자자를 끌어들이려는 노력을 아끼지 않는 겁니다. 그리고 각 주가 지원하는 장려책들은 이러한 노력 중 하나로 볼 수 있습니다.

미 정부와 주정부들의 이 같은 노력은 제조업을 살려 고용창출을 꾀하는 오바마 정부의 제조업 육성과 맥을 같이 한다. 이를 위해서 자국 기업뿐 아니라 해외 기업에도 지원을 아끼지 않는 것이다.

농촌에 공장을 세운 한국 기업, 삼동

한국 기업, 삼동은 전기를 생산하거나 전달할 때 쓰는 구리코일을 만드는 회사다. 미국에 3개의 공장을 두고 있는데 그중 한 공장은 조지아 주의 한 농촌에서 자리를 잡았다. 이 공장에서 일하는 직원은 70여 명으로 대부분 현지인이다.

농촌 지역에 삼동 공장이 들어서면서 주민들의 삶은 훨씬 나아졌다. 삼동의 직원으로 일하는 브랜드 스미스는 삼동이 지역 사회에 자본과 사업이 활성화되도록 도움을 주고 있으며 주택 공급도 나아졌다고 말한다. 또 다른 직원인 니로어 램버는 삼동 그룹에서 직원들의 건강 및 생명 보험을 책임지기 때문에 가족을 위해 좋은 계획을 세울 수 있게 되었다고 한다. 삼동은 비록 중소기업이지만 미국법인 매출이 3,000억 원 이상에 달할 정도로 높다. 그런데 한국에 본사를 둔 삼동은 어떻게 한국보다 인건비가 높은 미국에 공장을 세울 생각을 했던 것일까.

조지아 주의 지원으로 한국 기업 삼동이 농촌 지역에 공장을 세우면서 주민들은 안정적인 수입을 얻을 수 있게 되었다.

2008년 삼동이 해외 진출을 모색했을 땐 여느 기업처럼 중국 등 신흥경제국부터 살펴봤다. 하지만 공장 설립을 미국에 하기로 결정하는 데엔 그다지 많은 시간이 걸리지 않았다. 중견기업이 실력으로 공정하게 평가를 받을 수 있는 나라가 미국이었기 때문이다.

또, 미국은 고급인력이 많아 사람의 기술을 필요로 하는 제품생산에 적합하다고 판단했다. 그리고 이미 15년 이상 미국 수출을 해온 터였기에 미국 고객들을 위한 현지생산 제품을 보유하는 것은 큰 장점이 될 수도 있으며 재료 운송과 지연 가능성 같은 단점을 보완할 수 있어 미국 시장 점유율을 높이는 데에도 유리했다. 그리고 2008년부터 급물살을 탄 해외 기업에 대한 미국 정부와 주정부의 지원은 삼동이 미국에 공장을 설립하는 데 큰 도움이 되었다.

주정부 차원의 장려책은 보통 10년의 기간에 걸쳐 이루어지며 그 양과 질은 주마다 다르다. 또, 기업의 초기 투자 수준과 고용 수준을 예측해 그에 따른 지원이 이루어진다. 삼동은 각 주들이 지원하는 장려책을 고려해 3개의 주에 공장을 분산해 세웠다.

이이주
삼동 대표이사

미국의 여러 주정부에 있는 사람들이 서로 유치하려는 경쟁이 굉장히 치열합니다. 일부 주나 카운티에는 땅을 공짜로 주는 데도 있고요. 공장 건물까지 지어주는 데도 있습니다. 본사 인력 50명이 들어오는 데에 인센티브가 뭐다, 100명 쓰는 데 뭐다, 200명 쓰는 데 뭐다, 이런 지원이 다 달라집니다.

현재 삼동은 구리 배선 산업에서 약 70%의 시장 점유율을 갖고 있다. 구리 배선 산업 분야에서는 거의 독보적인 위치를 점하고 있는 셈이다. 새로운 영역에서도 핵심 사업을 확장시켜 다양한 제품들을 만들어내고자 한다. 이를테면 발전 가능성이 높은 미국의 전기자동차 산업에서 삼동의 주력 분야인 '전력 발전과 분배'를 응용해 개발해내는 것이다.

삼동의 발전은 더 많은 고용창출과 주정부의 지역발전으로 이어진다. 미국 정부가 해외 기업에도 지원을 아끼지 않는 건 궁극적으로 자국에 미치는 긍정적 영향력을 이끌어내기 위한 것이다.

민병석
삼동 미국법인 부법인장

연방 정부에서 외국 투자자들을 다 초대한 자리에 참여를 한 적이 있습니다. 그 자리엔 오바마 대통령부터 중앙정부 위원들, 경제 전문가들이 있었어요. 그들은 이미 미국에 진출해 있거나 향후 진출할 계획이 있는 업체들에게 어떤 도움을 줘야 하는지에 대해 많은 관심이 있었습니다.

적극적 기업 유치로 200만 개의 일자리를 만든 텍사스

제조업을 살리기 위한 미국의 노력은 연방정부에 국한되지 않는다. 미국의 주정부 사이에선 제조업체를 유치하기 위한 경쟁이 뜨겁다. 그중 유독 돋보이는 성과를 내고 있는 곳은 텍사스 주다. 텍사스는 지난 13년 동안 수출에서 1위 자리를 내놓은 적이 없으며 5년여에 걸쳐 60여 개의 프로젝트를 활성화시키고 있다. 그리고 무엇보다 돋보이는 성과는 해외직접투자를 통한 해외 기업 유치에서 1위를 기록하고 있다는 것이다. 해외 기업 유치는 인구증가, 고용촉진 등으로 이어져 지역경제발전의 기여도를 높이는 장점이 있다. 그런데 텍사스 주는 어떻게 이런 성과를 낼 수 있는 것일까.

텍사스 주에선 해외 기업을 유치하기 위해 적극적인 장려책을 펼치고 있다. 장려책은 2개의 다른 차원에서 발생한다. 하나는 주정부 차원의 장려책이고 다른 하나는 지역 차원의 장려책이다.

주정부 차원의 장려책 중 대표적 프로그램으로 '텍사스 엔터프라이드 펀드'가 있다. 이 프로그램은 '거래 폐쇄 기금'을 마련하는 데주 목적이 있다. 이 기금은 주정부와 지역이 주목하는 프로젝트에 지원된다. 한 예로 일본 트랙터 제조업체 '코보타'를 들 수 있다. 코보타는 2015년 '텍사스 엔터프라이드 펀드'를 받은 최초 기업으로 텍사스에 둥지를 튼 이후, 주 내에 300개가 넘는 일자리를 만들어냈다.

지역차원의 장려책으론 과세 경감과 기반 시설의 지원이 있다. 해외 기업의 유치를 위해 과감한 감세 정책을 펼쳐 기업들의 조세 부담을 줄였으며 텍사스 전역에 있는 자유무역 지역에서 물류 및 유통업을 하는 기업이 보다 쉽게 도움을 받을 수 있도록 했다. 또, 기업에게 부지를 무상으로 제공하기 때문에 해외 기업 유치에 있어 경쟁력도 높은 편이다.

텍사스의 경제개발공사에서 운영하는 프로그램 '텍사스 원(ONE)'

▌텍사스 주 개발공사에서는 기업 유치를 위해 다양한 지원 프로그램을 마련하고 있다.

은 정부와 민간이 합작해 기업의 풍토를 조성해 시장을 유지하는 데 그 목적이 있다. 이를테면 텍사스 주의 비즈니스 개발에 관심 있는 기업이나 사람들에게 후원을 받는데, 현재 주 전역에 150여 곳 이상의 후원기업이 존재한다. 이들 기업은 경제개발기관, 상업회의소로 조직되어 텍사스 주의 경제 확충에 지대한 영향력을 미치고 있다.

현재 미국 남부는 제조업의 허브가 되고 있다. 하루 500편의 화물기가 다닐 수 있는 세계 최초의 산업전용 공항도 연방정부의 지원으로 운영 중이다. 텍사스 주는 지난 10년 동안 200만 개의 일자리를 늘이는 성과를 냈으며 연평균 4%가 넘는 높은 경제성장률을 기록할 수 있었다. 이는 적극적인 기업 유치와 기업이 활동하기 좋은 환경 조성에 많은 노력을 기울였기 때문에 얻은 성과였다.

트레이시 맥다니엘
텍사스 경제개발공사 사장

텍사스에서 저희가 하는 일 중 하나는 기업들을 이곳으로 유치하여 확장하게 하는 것입니다. 이것이 직접적으로 미치는 영향은 바로 우리네 삶의 질이죠. 우리 주가 훌륭한 교육체계를 갖추고, 사람들이 이곳에서 직장에 나가 일을 잘하며, 가족들이 텍사스 내에서 성장하도록 보장하는 겁니다. 그것이 중요하죠.

텍사스에는 얼라이언스 텍사스라고 불리는 자유무역지구가 있어 물류 및 유통업을 하는 기업들에게 많은 지원을 한다.

스티븐 베킹
얼라이언스 텍사스 운영업체 부사장

미국 기업뿐만 아니라 캐나다, 멕시코, 아시아, 유럽에서 온갖 종류의 기업들이 들어와 있습니다. 이 산업단지는 위치도 좋고 복합 운송수단도 갖추고 있습니다. 게다가 싼 주택 가격과 낮은 법인세율, 기업 친화적인 주정부 때문에 기업들이 들어오고 있죠.

리온 멜로
삼동 미국법인 경영 자문

제작진 주정부마다 기업 유치를 위한 장려책이 다른데 삼동은 어떤 방식으로 각 주의 장려책을 알아봤나요?

리온 멜로 주정부의 장려책은 기본적으로 세금 인센티브, 고용 인센티브, 일부 소득 세액공제 등이 있는데 보통 주마다 다르고, 업계에 따라 다른 장려책들을 제안해요. 2008년 삼동이 미국 진출을 하기로 한 후엔 미국 내 제조의 가능성이 있는 지역들을 평가하기 시작했죠. 그리고 두세 지역을 좁혀 조사한 후엔 산업개발공사를 통해 회사설립의 인센티브 측면에서 어떤 기회들이 가능한지 확인했습니다. 예를 들어, 조지아 주에서는 수출 사업을 위해 사바나의 항만세 장려책을 제공했었습니다. 그 장려책은 일부의 추가 인센티브와 함께 우리가 수출 사업에 뛰어들 수 있도록 하는 기회가 되었습니다.

제작진 연방정부 차원의 장려책과는 어떤 차이가 있습니까?

리온 멜로 연방정부의 장려책은 세액 공제에 기반합니다. 기업의 신용에 따라 세금을 상쇄시키는 것이죠. 회사를 세우는 데에는 초기 설치비용이나 초기 손실 등이 있을 수 있으니까요. 반면, 주정부나 지역에선 세금 환급을 해주는 경향이 있습니다. 기업의 수입을 바탕으로 세금을 돌려주는 것이죠. 또, 주정부나 지역 장려책은 고용 숫자, 현지 지방세 수치를 기준으로 하는 편입니다. 그리고 주와 지방자치단체로부터 고용 및 연수 혜택을 받을 수 있어요. 우리는 이를 '고용장려책'이라고 부르죠. 이것이 미국 내 일자리를 장려하기 때문입니다.

제작진 한국에서도 공장 노동자로 일하는 것은 기피하고 있는 게 현실입니다. 여기 사람들은 어떤가요?

리온 멀로 미국인들은 일의 귀천에 오픈되어 있는 편입니다. 어떤 일을 하든지 소속감을 느끼고 자부심을 갖고 있죠. 게다가 금융위기를 겪은 이후엔 어떻게든 일을 구하고 더 열심히 하려고 하는 부분이 더 강화되었어요.

08

제조업 **부활**의 **원동력**이 된
소비자의 **힘**

새로운 형태의 애국심이 나타나다

20년 전만 해도 미국 소비자들은 저렴한 제품을 고집했다. 어디에서 누가 만든 제품인지, 품질이 좋은지 나쁜지를 꼼꼼하게 따지진 않았다. 물품을 선택하는 데 있어 가장 우선적인 기준은 가격이었다. 그런데 이러한 소비형태가 변하고 있다. 그 이유로는 두 가지를 들 수 있다. 하나는 개발도상국에서 만들어 들여온 제품 중 불량품이 비교적 많다는 것을 경험으로 알게 된 것이다. 다른 하나는 국산 제품에 대한 의식 변화다. 경제위기를 겪은 후 미국인들은 국산품을 애용해야 한다는 인식을 가지게 되었다.

자국의 기업을 살려야 고용창출이 일어날 수 있으며 산업의 발전을 꾀할 수 있다는 인식 때문이다. 이는 새로운 형태의 애국심을 불러일으켜 '메이드 인 아메리카' 제품에 대한 소비로 이어지고 있다. 이를테면, 스티브 잡스의 신발로 유명한 뉴발란스 신발 매장은 늘 고객들로 북적인다. 100년의 역사를 가진 데다 미국에 공장을 둔 유일한 운동화 기업이기 때문이다. 또, 이 매장에선 다른 곳에선 찾아볼 수 없는 특별한 풍경들이 펼쳐진다. 나만의 신발을 디자인해 볼 수도 있고, 매장에서 신발을 만드는 과정을 직접 지켜볼 수도 있다.

니키 해일리
사우스캐롤라이나 주지사

미국에는 새로운 형태의 애국심이 있습니다. 사우스캐롤라이나 사람들은 이 지역의 제품을 사는 것을 자랑스러워하고 있죠. 미국의 다른 지역 사람들도 모두 사우스캐롤라이나 제품을 사고자 하는데 서로에게 좋은 일이죠.

미국산 제품의 판매를 촉진하고 미국의 제조업에 활기를 불어넣기 위해 애쓰는 것은 일반 소비자들뿐만이 아니다. 정부는 물론 기업까지 나서고 있다. 그 대표적인 예로, 월마트에서 발표한 '미국에

▌ 신발 만드는 과정을 볼 수 있도록 해놓은 뉴발란스 신발 매장. 미국산 제품에 대해 더 비용
을 지불하고서라도 구매하려는 소비자들이 많다.

서 제조(Made in USA)' 프로그램을 들 수 있다. 이 프로그램의 요지
는 2013년부터 10년 동안 2,500억 달러어치의 미국산 제품을 구매하
겠다는 것이다. 리쇼어링으로 다시 미국으로 돌아오는 기업이 많기
때문에 월마트의 계획은 충분히 실행 가능하다. 또, 소비자들이 미국
산 제품을 더 선호하게 된 분위기는 월마트가 이 계획을 세우는 데
중요한 이유가 되었다. 이러한 계획은 미국 기업에 도움을 주는 동
시에, 미국 소비자들의 발걸음을 월마트로 오게 만드는 장점이 있다.
반면, 월마트가 내세우고 있는 '저렴한 가격'은 지켜내기 어려운 함

정도 있다. 이 때문에 이 계획이 발표된 직후 많은 이들은 그 현실성에 의문을 가졌다. 그런데 이 계획이 실행된 지 3년째로 들어서고 있는 2016년, 월마트에 납품하는 기업들이 가격을 올리기를 원할 때마다 매번 듣는 말은 "가격을 절대 올릴 수는 없지만 미국산 제품을 공급해준다면 우리 선반에 당신 제품의 자리를 보장해주겠다"라는 것이다.

전문가들은 이 프로그램이 10년 동안 제대로 실행되기만 한다면 30만 개 정도의 제조업 일자리를 창출할 수 있을 것으로 예측했다. 그리고 실제로 지난 2년 반 동안 월마트는 일자리 몇 천 개를 창출하는 성과를 냈다. 이에 박차를 가해 현재 150가지의 미국산 제품들을 월마트로 공급하기 위한 프로젝트가 진행 중이다.

▌ 월마트에서는 10년 동안 2,500억 달러의 미국산 제품을 구매하겠다고 발표했다.

디트로이트의 시계 브랜드로 변신한 시놀라

미국의 시계 매장에선 '시놀라 시계'를 구입하는 사람들을 어렵지 않게 볼 수 있다. 우리에겐 생소한 메이커인 시놀라는 미국에선 마니아층이 형성될 정도로 인기 있는 제품이다. 그렇다고 그 가격이 저렴한 것은 아니다. 우리 돈으로 하나에 100만 원이 넘는 고가지만 미국인들은 기꺼이 지갑을 연다. 시놀라 시계의 특성인 단순한 디자인을 좋아하는 이들이 많아서이기도 하지만 그보다 더 특별한 이유가 있다. '메이드 인 디트로이트'이기 때문이다.

디트로이트 사람들은 다시 제조업을 시작할 수 있도록 돕는 일이라면 '메이드 인 디트로이트' 제품을 구입하는 데 기꺼이 돈을 더 쓸 의향이 있다고 말한다.

애런 러시
디트로이트 시계 회사 시놀라 부팀장

저는 고객들이 저희 제품에서 디트로이트를 보기 원한다고 생각해요. 시계 다이얼과 포장에 새겨진 디트로이트를 보고 싶어 하죠. 이곳의 고객들은 도시에 아주 친근감을 갖고 있거든요. 또 이곳의 많

┃ 디트로이트에서 생산되는 시계인 시놀라는 고가에도 불구하고 매니아층을 형성하고 있다.

은 사람들이 디트로이트에서 자랐고요. 그분들은 고향을 위해 진정
으로 뭔가 하고 싶어 하죠.

　　디트로이트는 1900년대 초부터 세계적인 자동차 공업 중심지로
명성을 떨쳤던 도시였다. 하지만 1980년대 후반으로 들어서면서 시
의 재정 상태는 악화되기 시작했고 급기야 2013년엔 연방법원에 파
산보호 신청을 내기까지 했다. 자동차 산업의 쇠퇴, 더 싼 지대와 노
동력을 찾아 떠난 공장, 2008년의 경제위기 등이 디트로이드를 몰
락으로 이끈 것이다. 이로 인해 버려진 집과 건물은 14만 채에 달했
고 한 때 200만이었던 인구는 90만으로 줄어들었으며 주민의 30%
는 극빈층이 되었다. 그런데 그랬던 디트로이트가 다시 부활하기 시
작했다. 디트로이트로 돌아온 기업들 때문이다. 시놀라 역시 이러한

디트로이트 시
2009년

▌자동차 산업과 함께 디트로이트도 무너졌다. 많은 집이 버려졌고 주민의 30%가 극빈층이 되었다.

기업 중 하나다.

시놀라 시계 제품들은 디트로이트의 한복판, 과거 GM 자동차 공장이었던 건물에서 생산된다. 처음엔 단 3명으로 시작했던 공장엔 이제 400명이 넘는 사람들이 일하고 있다. 매출도 급증했다. 4년 전 디트로이트에 시계 회사 시놀라를 세울 때만 해도 예상하지 못했던 일이었다.

스티브 바크
디트로이트 시계 회사 시놀라 대표

디트로이트에 공장을 세운다고 했을 때 모두가 의아해했어요. 회사들이 대부분 디트로이트를 떠나던 시기였기 때문이죠. 우리는 대세를 따르지 말자고 생각했고 결국 성공했어요.

시놀라는 원래 구두약을 만드는 회사였다. 하지만 시놀라는 장비, 기술 훈련, 제조 분야 등의 기술들을 스위스 시계 전문가들에게 전수받았다. 수십 년 동안 쌓아온 노하우를 전수 받은 후 디트로이트의 시계 브랜드로 변신한 것이다. 주요 부품은 스위스와 중국에서 들여오지만 조립은 모두 디트로이트 노동자들에 의해 이루어진다. 덕분에 디트로이트 주민들은 새로운 일자리를 찾을 수 있었다.

3년 째 시놀라에서 근무하고 있는 스타니시아 마틴의 경우, 이전엔 마트에서 일을 했지만 벌이가 썩 좋은 편은 아니었다. 이 때문에 다른 아르바이트를 따로 병행하기도 했다. 하지만 지금은 더 많은 월급을 안정적으로 받게 되었고 주택 구입을 포함해 많은 계획을 세울수 있게 되었다. 디트로이트에선 스타니시아처럼 일자리를 잃었다다시 얻은 사람들이 많다.

스티브 바크
디트로이트 시계 회사 시놀라 대표

지금 브루클린을 비롯해 여러 곳에서 젊은이들이 이곳으로 많이 이

❙ 기업들이 디트로이드를 떠나던 시기에 시놀라는 과거 GM 자동차 공장이었던 건물로 들어와서 지역 주민들을 고용하여 시계를 생산하기 시작했다.

주해오고 있어요. 오늘날 새로운 산업이 만들어지고, 아이디어가 넘치는 창의적이고 혁신적인 기업도 만들어지고 있습니다. 디트로이트는 진화하고 있으며 미래에는 다양한 사업의 중심지로 바뀔 겁니다.

이제 미국에서 제조업은 더 이상 기피 산업이 아니다. 제조업의 활성화는 사람들에게 일자리를 가져다주기 때문이다. 일자리를 최우선으로 생각하는 미국에서, 혁신과 효율성을 바탕으로 한 제조업은 미국 경제의 중심이 되고 있다.

해리 모세르
리쇼어링 이니셔티브 회장

제작진 미국인들은 왜 국산을 고집하나요? 품질의 문제인가요, 아니면 애국심 때문인가요?

해리 모세르 일단은 품질 문제죠. 20, 30년 전에 미국 소비자들은 제일 싼 것만 고집했습니다. 어디서 만든 제품인지도 모르고 품질도 무시했어요. 그렇게 대량소비를 하는 과정에서 품질이 안 좋은 것을 많이 구입하는 것이 그다지 효율적이지 않다는 것을 배운 거죠. 또, 외국산 제품들이 문제가 있다는 내용의 뉴스를 많이 접하다보니 외국산에 대한 신뢰도 떨어졌어요. 그래서 미국인들은 관리가 제대로 이루어지는 환경에서 한 제품을 오랫동안 생산해온 자국 기업들의 제품을 사기 시작했습니다. 그다음은 제조업이 몰락하면서 이웃들이 해고당하는 것을 많이 본 거죠. 10% 더 비싸게 돈을 내더라도 이웃과 국가를 위해 국산을 사게 되었어요. 그것이 곧 내 이웃과 아이들, 국가를 위한 길이니까요.

제작진 미국의 인건비는 높은 편인데, 이대로 경쟁력을 가질 수 있을까요?

해리 모세르 말씀하신대로 미국은 인건비도 높지만 제일 큰 문제는 노동력입니다. 우리는 숙련된 기술자들을 많이 갖고 있지 않아요. 그리고 기술자를 모집하고 양성하는 데에 있어 스위스나 독일만큼 잘하지도 못하죠. 하지만 우리는 그것을 극복하고 있습니다. 전보다 이 문제에 잘 대처하고 있고, 매해 20~25% 정도 자격증을 더 많이 수여하고 있습니다. 노동력의 양과 질이 좋아지고 있는 반면, 인건비는 매해 2% 정도 올라가고 있습니다. 인건비가 극명한 상승세를 보이지 않기 때문에 시간당 인건비가 세계 시장의 경쟁력에는 많은 영향을 주지 않습니다. 미국은 한국, 일본, 중국에 비해 인건비보다 통화가치가 경쟁력에 더 많은 영향력을 주죠. 최근 2~3년 사이에 미국이 경쟁력을 조금 잃은 것은 달러의 가치가 10~30% 높아진 것 때문이지 인건비가 2% 높아진 것 때문은 아닙니다. 왜냐하면 우리보다 다른 나라들의 인건비가 훨씬 더 빠른 속도로 올라가고 있거든요.

09

첨단기술과의 융합으로
진보하는 제조업

3D 프린터와 바이오 업계의 연계

오바마 정부가 진행시키고 있는 '제조업의 부활'은 산업 철강, 화학, 자동차 산업 등과 같은 전통적인 제조업의 부활을 의미하진 않는다. 기술 혁신과 결부된 새로운 제조업, 즉 첨단제조업을 혁신적으로 육성하고자 한다. 이를 테면, 친환경 에너지, 3D 프린팅과 같은 새로운 제조 기법이라든가 생명과학과 같은 새로운 영역을 개발하고자 하는 것이다. 이는 상당한 기초연구와 연구개발이 선행되어야 하며 기술로 발전되어 산업화가 이루어지는 과정을 필요로 한다.

데니스 홍
UCLA 기계항공공학과 교수, 로봇메커니즘연구소 소장

미국 정부에서는 산업 사슬의 아래에 있는 기초과학을 지원해주기 때문에 언제든지 새로운 기술이 필요할 때 개발될 수 있는 분위기를 만들어낸다는 의미가 있죠. 5년 전부터 오바마 정부에서 제조 로봇 쪽에 투자하기 시작했어요.

첨단제조업에서 대표적인 것 중 하나로 바이오 업계와 연계해 인공장기 제작에 3D 프린터를 도입한 것을 들 수 있다. 사람의 장기도 3D 프린터로 생산하는 시대가 열린 것이다.

앤서니 아탈라
웨이크포레스트대학교 재생의학연구소 박사

세포를 손으로 쌓는 게 아니라 프린터로 인쇄해 한 겹씩 쌓아 올리는 겁니다. 세포를 한 층씩 쌓아 올리는 데 특수 프린터에 사용되던 잉크 대신 세포를 사용하죠.

한 예로, 하이드로 겔을 인간 세포와 함께 사람의 귀 모양으로 만든

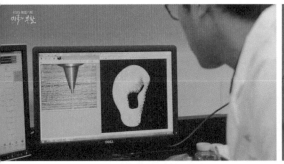

세포를 손으로 쌓는 게 아니라
프린터로 인쇄해 한 겹씩 쌓아 올리는 겁니다

▌3D 프린터와 바이오 업계가 연계하여 인공 장기를 생산하는 것이 가능해졌다.

것을 들 수 있다. 프린스턴대학교에서 만든 이 귀에는 달팽이관 모양의 전극부터 신호를 처리할 수 있도록 나노입자 합금으로 만들어진 유도 코일이 내장되어 있다. 즉, 3D 프린팅 기술을 통해 살아 있는 세포를 원하는 현상 또는 패턴으로 적층 조형하여 장기를 제작하는 것이다. 이 기술이 개발되어 상용화되면 의료산업의 혁신을 이룰 수 있으며 필요한 이들에게 결정적인 도움을 줄 수 있을 것이다.

3D 프린팅 기술은 1987년 찰스 W. 헐이 설립한 3D 시스템 사에서 최초로 개발했다. 이후로 3D 프린팅 기술을 활용한 산업들이 활성화되는데, 그중에서도 인간의 장기와 같은 기능을 하는 조직과 모형의 생산에 많은 관심이 모아졌다. 그 결과 90년대에는 종이 적층 조형장치, 석고 분말을 착색하여 굳히는 방식의 3D 프린팅 기술이 만들어지기도 했지만 워낙 고가라 상용화되기엔 어려움이 따랐다. 그리고 2008년경 적층 조형 기술이 바이오 업계와 연계를 이루면서

시장에 진출하게 된다. 2012년에는 3D 프린터의 가격이 낮아짐에 따라 개인도 필요에 따라 구입할 수 있게 되었다. 현재 IT 기술의 발달로 보급 확산이 전 방위적으로 이루어지면서 보급용 3D 프린터의 가격은 200만 원까지 떨어진 상태다.

3D 프린팅은 사람의 장기를 생산할 수 있을 뿐 아니라 각 분야의 제조업에서도 패러다임을 바꿀 수 있을 정도로 혁신적인 기술이다. 현재 대부분의 생산품들이 공장 중심의 대량 생산의 구조를 갖고 있지만 3D 프린팅이 활발해지면 다품종의 소량 생산이 가능해지고 개인이 필요로 하는 제품의 설계도 가능해질 것이다. 이 때문에 3D 프린팅 기술은 미래 제조업 산업으로 세계의 주목을 받고 있다.

미국도 3D 프린팅 기술에 관심이 높다. 오바마 대통령이 2013년 국정연설에서 3D 프린팅을 미국 제조업을 부흥시키는 방법론으로 언급했을 정도다. 실제로 미국은 국가 주도적 산학연 중심의 로드맵을 작성하고 3D 프린팅 기술에 집중적으로 투자하는 중이다. 3D 프린팅 기술은 미래 산업의 핵심기술로 높은 가능성을 지니고 있어서다.

벤카테시 나라야나무르티
하버드대학교 공학 및 응용과학부 교수

또 다른 커다란 기회가 농업과 약학, 그리고 이 산업들이 융합된 분야에 있다고 생각합니다. 생명공학과 약학이 공학, 물리학, 컴퓨터 분야와 아주 긴밀하게 협력할 것이기 때문입니다. 서로 다른 분야들을 결합하는 흥미로운 방식으로 첨단기술들이 융합될 것입니다. 그것이 제가 주목하는 미래입니다.

자동차 산업의 근간을 바꾸는 3D 프린터

로봇, 3D 프린터 등 첨단기술은 미국 제조업의 패러다임을 바꾸고 있다. 첨단기술과 여러 산업의 융합으로 미국 제조업이 더욱 진보하고 있는 것이다. 특히 3D 프린터는 자동차 산업에도 반영되어 자동차 공정을 완전히 바꾸는 혁신이 진행되고 있다.

그 대표적인 예가 테크놀리지 기업, 로컬 모터스에서 출시한 3D 프린터로 만든 전기자동차다. 이 회사의 전기자동차는 차량의 75%를 3D 프린터로 제조한 것이다. 차체는 탄성이 좋고 가벼운 신소재인 폴리머(polymer; 중합체 고분자)로 만들어졌다. 폴리머는 재활용이 가능하기 때문에 지속가능성을 지닌다. 제작 시간도 짧다. 대규모 공장 시설이 없어도 약 44시간이면 1대를 만들 수 있다. 이것만 해도 충분히 혁신적인 일이지만 로컬 모터스에는 생산 시간을 하루 미만으로 줄이는 것을 목표로 한다. 게다가 디지털 제조 방식(DDM)과 프린팅 기술을 이용해 매번 새로운 자동차를 만들어낼 수도 있다. 이는 원하는 디자인으로 주문 제작도 가능하며 이제 모든 자동차가 개인 맞춤형으로 제작될 수도 있음을 뜻한다.

속도도 빠른 편이라 시속 140km까지 달릴 수 있다. 아주 스마트한 기능도 탑재되어 있다. 차량의 모든 기능이 전부 연결되어 있으며 차량 내에서 일어나는 일들을 제어하고 모니터하며, 최적화시킬 수 있는 것이다. 이 차가 좀 더 대중적으로 상용화될 경우엔 공장 차원의 탄소 배출량을 줄일 수 있다. 공상과학영화에나 등장할 법한 이러한 일이 가능할 수 있는 이유는 전기자동차엔 복잡한 엔진이 없기 때문이다.

엘르 셜리
자동차 제조기업 로컬 모터스 마케팅 팀장

이건 자동차의 새로운 시대의 시작을 알리는 제품입니다. 모든 것을 바꿔놓았습니다. 최초 아이디어에서부터 차량이 생산되는 단계까지 자동차가 생산되는 방식을 완전히 바꾸어놓았죠. 제조 방식의 혁명이죠. 우리는 자동차 제조 혁신의 최전선에 서 있다고 생각합니다.

3D 프린터로 만든 전기 자동차
로컬 모터스

▌ 3D 프린터로 만든 전기자동차. 전체 공정의 75%가 프린터로 제작이 된다.

현재 전기자동차 시장의 주도권을 갖고 있는 것은 미국이다. 아마도 이는 한동안 지속될 것이다. 하지만 많은 기업들이 전기자동차 시장에 뛰어들면서 경쟁은 치열해지는 양상을 띠고 있으며, 미래의 주도권은 전기자동차의 혁신적인 개발을 이끌어내는 기업이나 국가에서 쥐게 될 것이다.

소규모 제조회사들의 희망이 된 박스터 로봇

미국의 첨단기술은 산업을 만들어내고 새로운 시장을 창출하고 있다. 첨단산업은 미국 제조업의 부활을 이끌 뿐 아니라 미래 제조업 혁명을 미국이 주도할 것임을 예고한다. 그중에서도 특히 로봇기술은 미국 첨단산업을 대표한다.

로봇기술의 발전은 작은 공장에도 혁신을 일으키고 있다. 보스턴의 외곽지역엔 30년 전만 해도 플라스틱 제조 공장이 약 50곳에 달했다. 하지만 금융위기를 거치면서 대부분 도산하거나 인건비가 저렴한 국가로 이전했다. 이러한 상황에서도 미국에 계속 남아 있을 뿐 아니라 오히려 생산성을 높인 플라스틱 공장이 있다.

플라스틱 공장인 뱅가르드 플라스틱은 2년 전부터 인공지능 로봇 박스터를 사용하고 있다. 비싼 인건비 때문에 다른 기업들은 대부분

해외로 나갔지만 이 회사는 첨단 로봇기술을 활용해 미국에 계속 남아 있을 수 있었다.

크리스토퍼 버드닉
플라스틱 제조기업 뱅가르드 플라스틱 사장

우리는 멕시코와 중국, 인도 등 다른 신흥국들과 경쟁해야 합니다. 이런 경쟁에서 생존할 수 있는 유일한 방법은 로봇을 이용해서 대등하게 경쟁하는 것입니다. 로봇의 중요성은 점점 더 커지고 있습니다.

이 공장에서 박스터가 하는 일은 사람을 대신해 플라스틱 컵을 포장하는 것이다. 매주 5일 이상 하루 24시간씩 일한다. 벌써 8,000시간이 넘게 일했지만 전혀 문제가 발생하지 않았다. 박스터의 장점은 함께 일하는 인간이 간단한 작업을 직접 가르칠 수 있다는 것이다. 이를테면 사람이 박스터의 손목의 양쪽을 잡으면 로봇은 사람이 조정하는 대로 움직인다. 그런 다음 박스터의 손을 물체 위에 놓고 버튼을 누르면 물체를 움켜쥔다. 뒤이어 박스터는 고개를 끄덕인다. 임무를 이해했다는 것이다. 그 다음부터는 박스터가 스스로 움직인다. 새로운 작업 지시를 입력한 후엔 그 지시대로 움직이는 것이다. 박스터와 함께 일하는 사람들도 안전하다. 초음파 장치로 주변의 사람을

▎인공지능을 탑재한 산업용 로봇 박스터는 현장에서 다양한 작업을 수행할 수 있다.

인식하기 때문이다. 만약 사람과 조금이라도 부딪히게 되면 로봇은
멈춰 선다.

　박스터가 없었을 땐 플라스틱 컵을 포장하는 단순작업을 모두 사
람들이 해내야 했다. 1년에 5억 개 이상의 컵을 포장해야 하는 이 회
사로서는 인건비가 높은 미국에서 공장을 유지하기 힘들었다. 하지
만 박스터 1대는 작업자 5명의 역할을 거뜬히 해내 문제를 해결했
다. 1대에 2,600만 원 정도인 이 로봇은 1년이면 원금을 회수할 수
있어 회사의 이윤도 증대시켰다.

박스터의 개발자는 미국 로봇의 아버지라 불리는 로드니 브룩스 박사다. 그는 세계 최고의 인공지능을 탑재한 산업용 로봇 '박스터'를 만들었다. 박스터 로봇의 등장은 미국의 수많은 소규모 제조회사들의 희망이 되고 있다. 싼 임금을 쫓아 해외로 나갈 필요가 없기에 오히려 일자리가 늘었다. 로봇, 최신 장비와 제조업 기술에 대한 투자는 제조업을 살리는 길이기에 첨단 로봇을 통해 제조업을 부활시키려는 미국의 노력이 더욱 확대되고 있다.

로드니 브룩스
박스터 로봇 개발자, 리싱크로보틱스 창업자

전통적인 로봇은 물건을 옮길 때 물건을 떨어뜨려도 미리 입력한 물건 옮기는 동작을 그대로 수행합니다. 하지만 박스터는 손에 아무것도 없다는 것을 인식합니다. 최근 개발한 로봇은 더 많은 소프트웨어가 입력돼 있고 상식 수준의 지식도 갖고 있습니다.

다니엘라 러스
MIT 인공지능연구소 소장

로봇기술이 많이 발전했지만 로봇의 몸체는 더 유연해지고 기능이

KBS 특별기획
미국의 부활

25000
20000
15000
10000
5000
0

2009   2010   2011   2012   2013

미국 산업 로봇 출하량
출처 : 미국 A3 고등자동화협회

❙ 미국 산업 로봇 출하량은 빠르게 증가하고 있다. 이는 로봇을 통해 제조업을 부활시키려는 미국의 노력이 더욱 확대되고 있음을 의미한다.

강화돼야 합니다. 인간의 주변에 있어도 될 만큼 안전해져야 합니다. 주변을 인식하는 능력 또한 개선되어야 할 부분입니다. 하지만 무엇보다 신나는 일은, 우리가 10년 전에는 상상도 못하던 일들을 지금 로봇이 해내기 시작했다는 것입니다. 지난 10년간 우리는 다방면에서 큰 발전을 보았습니다. 다양한 기술들이 융합되어 기계와 로봇이 수송과 제조업에 사용되는, 거대하고 새로운 일을 가능하게 합니다.

우리나라 제조업도 업그레이드가 필요하다

천연가스 가격의 하락, 대학의 새로운 아이디어와 기술 제공, 그리고 이를 산업으로 연결해 첨단제조업을 강화시킨 미국 정부나 기업의 노력은 미국 내에서 제조업을 할 수 있도록 만들었다.

어느 나라나 제조업이 쇠퇴하고 금융업이 지나치게 발달하게 되면 경제 전반의 밸런스가 깨어진다. 이는 그 나라의 성장률과 경제력을 떨어뜨리는 결과로 나타난다. 그 이유는 제조업이 서비스업보다 더 많은 일자리를 창출하고 안정적이기 때문이다. 제조업은 서비스업에 비해 많은 투자비가 든다. 이는 기업이 어지간히 손해를 보더라도 공장을 운영할 수밖에 없는 상황을 만들기에 피고용자 입장에서는 일자리 확보가 안정적일 수밖에 없다. 반면, 서비스업은 제조업에 비해 기본 설비비용이 들지 않기 때문에 적자가 났을 경우, 피고용자부터 해고하게 된다.

실제로 성장률이 높은 나라들은 제조업에서 강세를 보이는 나라다. 이를테면, 대만이나 독일은 제조업을 성장시켜 자국의 경제를 탄탄하게 유지하고 있다. 반면 영국의 경우엔 제조업이 쇠퇴하고 금융업의 비중이 너무 커지면서 세계 경제 헤게모니를 미국에 넘겨주게 되었다. 미국도 금융업이 지나치게 비대해지면서 결과적으로 글로벌 금융위기를 겪게 된 것이다. 이 때문에 미국은 제조업을 살려 금융업과의 밸런스를 맞추려 노력하는 것이다. 그리고 이러한 노력이 성공할 가능성이 높은 이유 중에는 미국이 세계 GDP의 30% 이상을 점하고 있는, 그 자체로 아주 큰 내수시장이라는 사실도 있다. 이는 내수시장만으로도 승부를 걸 수 있다는 뜻이기도 하다.

반면 한국은 내수시장만으로 승부를 걸 수 없다. 기본적으로 한국은 국내 시장이 작아 상대적으로 시장 규모가 큰 중국이나 미국 등의 나라에 수출을 해야만 하는 구조이다. 이 때문에 한국은 산업 구조조정을 할 필요가 있다.

현재 한국이 주력하는 업종이나 제품이 얼마만큼의 경쟁력을 갖고 있는지, 앞으로도 생존 가능한 것인지 등을 따져보고 좀 더 부가가치가 높은 쪽으로 방향을 틀어야 한다. 그런데 이러한 방향을 잡고 개발할 수 있는 시간이 그리 많이 남진 않았다. 한국의 가장 큰 경쟁자인 중국이 구조조정을 추진하고 있으며 기술혁신을 이루고 생산성을 높이기 위해 지원과 노력을 아끼지 않고 있기 때문이다. 게다가 중국 기업은 인건비로 생산단가를 낮출 수 있어 가격경쟁에서 한국이 따라가기는 힘들다. 이 때문에 한국의 제조업 역시 미국처럼 제조업 구조의 업그레이드가 선행되어야 하며 첨단기술이 결부된 고부가가치 산업으로 전환해야 하는 것이다.

리처드 쿠퍼
하버드대학교 경제학과 교수

제작진 미국은 세계적으로 최고의 첨단기술을 보유한 국가입니다. 그런데 제조업은 그 반대편에 있는 것 같은 산업이라 제조업 강화 정책이 역설적으로 보일 수도 있는데요. 이에 대한 교수님의 생각은 어떻습니까?

리처드 쿠퍼 첨단산업과 비첨단산업을 구분 짓는 것은 잘못되었다고 생각합니다. 모든 산업, 심지어 밀 재배 같은 가장 전통적인 산업들조차도 잠재적으로 첨단산업이라고 볼 수 있습니다. 어떤 분야에서든 지적 능력을 생산적인 활동에 사용하는지가 중요한 것이죠. 그렇게 해서 전혀 새로운 것이 발명되기도 하고, 아주 광범위한 새로운 산업들을 탄생시키기도 하죠.

제작진 구체적인 예를 든다면 어떤 것들이 있을까요?

리처드 쿠퍼 일단 농업을 예로 들 수 있겠죠. 농업 역시 지난 몇 세기 동안 기술적으로 혁신되어 왔습니다. 계속해서 새로운 품종을 개발하고 식물이 성장하는 것에 대해 더 깊게 이해하고 언제 물을 줘야 하는지, 얼마나 줘야 하는지를 알게 되었습니다. 이런 지식들은 새로운 기술을 만듭니다. 그래서 저는 유명하고 많은 잠재력을 가진 구글이나 페이스북만 첨단산업이라 보는 것은 실수라고 생각하죠. 일회용 기저귀를 생각해보십시오. 일회용 기저귀는 세계 모든 어머니들의 삶을 바꿔놓았습니다. 사람들은 일회용 기저귀가 하이테크라고 생각하지 않지만 많은 사람의 삶을 바꾼 거죠. 이 역시 지적 능력을 아주 전통적인 문제에 적용한 결과라고 볼 수 있습니다.

제작진 그러니까 어떠한 제조업이든 새로운 기술이 도입되었을 경우, 얼마든지 첨단산업으로 발전할 수 있다는 거군요.

리처드 쿠퍼 새로운 기술은 경제의 진짜 동력입니다. 그것이 바로 우리의 시대, 즉 나와 당신의 시대를 이전의 모든 시대로부터 구분 짓는 것입니다. 제조업에서도 기술 변화는 중요한 요인입니다. 새로운 아이디어와 새로운 가능성은 수입을 증대시킵니다. 더 많은 소득으로 사람들이 새로운 것을 소비할 수 있게 하는 거죠.

PART 3

세일혁명

10
미국에 부를 가져다 준
검은색 황금, 셰일오일

셰일혁명으로 미국 경제가 살아나다

미국은 그들 스스로 예상한 것보다도 더 빠른 속도로 경기를 회복했다. 경제위기를 극복하고 더욱 강력해진 모습으로 떠오르는 미국의 부활, 그 저변에는 검은색 황금, 셰일이 있다. 미국은 기술 부족으로 인해 깊은 땅속에 잠들어 있던 셰일오일을 세상 밖으로 꺼내놓았다. 셰일오일 채굴 기술의 혁신이 있기에 가능한 일이었다. 셰일오일이 미국 경제 전반에 걸친 영향은 지대하다. 10%였던 실업률이 셰일오일의 개발 후엔 5%로 떨어졌고 GDP도 2~3% 늘어나 정상화를 이루었다.

오바마 대통령은 셰일오일이 미국 경제를 살리는 열쇠가 될 것이라 믿고, 개발에 대한 강력한 의지를 밝혀왔었다.

"깨끗하고 저렴한 에너지인 셰일은 새로운 일자리를 만들어냅니다. 미국은 100년간 공급 가능한 천연가스(셰일가스)를 갖고 있습니다. 우리 정부는 셰일가스를 안전하게 개발하기 위해 가능한 모든 조치를 취할 것입니다. 전문가들은 셰일로 인해 2020년까지 미국에서 60만 개의 일자리를 만들어낼 것이라고 말합니다." _ 오바마 대통령 2012년 신년 연설 중에서

박희준
에너지 이노베이션 파트너스 대표이사

기본적으로 셰일가스 개발 전과 개발 후의 가장 큰 차이는 실업률 차이입니다. 과거 오바마 정부 초창기 때 10%를 넘어가던 실업률이 지금은 5%로 떨어졌습니다. 즉, 실업률에 큰 영향을 미치고 있고 해외로 나갔던 대기업들을 국내로 돌아오게 하고 있어요.

GDP(국내 총생산) 추이

2010년 2.5%
2012년 2.3%
2014년 2.4%
2015년(예상) 2.7%

출처 : 세계은행

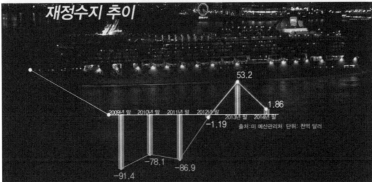

재정수지 추이

53.2
1.86
-1.19
-78.1
-86.9
-91.4

2009년 말 2010년 말 2011년 말 2012년 말 2013년 말 2014년 말

출처: 미 예산관리처 단위: 천억 달러

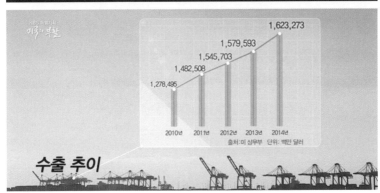

수출 추이

1,278,495
1,482,508
1,545,703
1,579,593
1,623,273

2010년 2011년 2012년 2013년 2014년

출처: 미 상무부 단위: 백만 달러

▎ 셰일오일과 가스 생산으로 미국 경제는 예상보다 빠르게 경제위기를 극복할 수 있었다.

해리 모세르
리쇼어링 이니셔티브 회장

셰일가스는 1,500억 달러의 투자를 창출해내고 있습니다. 천연가스를 플라스틱이나 비료 등으로 만드는 정제공장이 가동되면서 엄청나게 많은 일자리를 창출하고 있습니다.

미국은 전 세계 석유 소비량의 약 20%를 차지하고 있는 에너지 다소비 국가로 자체적으로 채굴하는 석유 외에도 많은 양의 석유를 수입해야 했다. 특히 미국 내 석유가 고갈되기 시작한 1970년 이후 미국의 원유 수입 의존도는 점차 높아졌다. 미국 에너지정보청(EIA)의 자료에 의하면 2005년 원유 수입 비중은 최대치를 기록해 60%의 원유를 수입하기에 이르렀다. 하지만 2008년부터 셰일오일이 본격적으로 채굴되기 시작하고 그 생산량이 급격하게 증가하면서부터 원유 수입 비중은 점차 떨어져 2012년에 43%까지 감소했다. 셰일오일은 2011년부터 대량 생산되기 시작해 2014년엔 하루 900만 배럴까지 생산량이 늘었다. 이는 하루 1,000만 배럴 가까이 생산하는 사우디아라비아와 거의 맞먹는 수준이다. 2013년엔 세계 산유국 순위 2위를 차지하고 있는 러시아를 추월해 세계 최대 에너지 생산국으로 자리 잡았으며 2015년엔 원유 최고 수입국의 자리를 중국에 넘겨주기까

시추기 숫자
876대
(2015년 7월 기준)

미국 셰일오일 매장량
58조 큐빅피트(세계 2위)

미국 셰일가스 매장량
665조 큐빅피트(세계 4위)

▌미국의 셰일가스 생산량은 2007년부터 매년 50%씩 성장했다. 2013년 미국은 러시아를 추월해, 세계 최대의 에너지 생산국이 되었다.

지 했다.

이렇듯 대량으로 생산되기 시작한 셰일오일로 인해 자연스럽게 미국 내 기름 값이 떨어지기 시작했으며 이는 미국 산업에 지대한 영향을 미치게 된다. 제조 생산 설비의 원가를 낮춤으로써 미국 내 기업들의 경쟁력이 높아진 것이다. 오바마 정부의 리쇼어링 정책이 성공할 수 있었던 것도 이 때문이다.

애당초 미국의 많은 기업들이 해외에 생산업체를 둔 이유는 원가 절약을 위해서였다. 해외 이전으로 인한 낮은 지대와 저렴한 인건비 등은 생산비용을 낮추어 가격에서 경쟁력을 갖게 했다. 이 때문에 미국 정부가 아무리 많은 혜택을 주고 리쇼어링을 유도하더라도 미국 내 생산비용이 높으면 기업은 움직이지 않는다. 그런데 유가하락이 원가하락으로 이어져 리쇼어링을 가능하게 한 것이다. 이는 다시 일자리 창출로 이어져 국민들이 소비를 할 수 있게 만드는 계기가 되었고 미국 전체 소비를 끌어올리는 효과를 가져왔다.

셰일혁명 이후 미국은 해외 투자에서도 상승세를 보이고 있다. 미국의 에너지원 가격이 우세해지자 유럽, 일본, 호주 등의 자본이 미국으로 향한 것이다. 특히 경제상황 악화로 유럽 내 투자가 원활하지 않게 된 독일은 미국 투자에 대한 비율을 다량 높였다. 영국계 시장조사기관인 딜로직(Dealogic)은 미국의 투자은행들이 최고의 호황기를 누리고 있다고 발표하기도 했다.

박희준
에너지 이노베이션 파트너스 대표이사

미국 기업들에서 팍스 아메리카나라는 말이 다시 나오기 시작했습니다. 셰일혁명으로 일어난 저비용 에너지, 그로 인한 리쇼어링, 그리고 첨단산업 분야의 기술개발을 통해서 미국 경제가 살아나고 있으니까요. 자국 내 투자를 늘리는 미국 기업들의 전략을 봤을 때 미국 경제는 앞으로도 최소한 5~10년 이상은 좋은 시기를 겪을 것이라고 봅니다.

주머니가 두둑해지는 국민들

10년째 화물 트럭을 몰고 있는 크리스 듀크레는 주유를 할 때마다 떨어진 기름 값을 실감한다. 이젠 플로리다에서 캘리포니아까지 가는 데 드는 기름 값은 300달러면 충분하다. 석유 가격의 하락이 있기 전만 해도 그 배가 들었다. 이로 인해 그가 한 달에만 절약할 수 있는 돈은 2,000달러 남짓이다. 당연히 다른 트럭 운전사들도 같은 상황이다. 미국 내 화물 운송의 75%를 차지하는 트럭 운전사들 대부분은 기름 값 하락으로 한 달 벌이가 더 많아졌다.

그렇다면 미국 내 기름 값은 얼마나 떨어진 것일까. 2015년엔 2014년 대비 절반 가격으로 1리터에 우리 돈 700원도 채 되지 않았다. 이후로도 꾸준히 하락세를 보였으며 2016년에 들어서는 1리터 가격이 600원까지도 떨어졌다. 이처럼 저렴한 기름 값은 일반 시민들의 생활에도 변화를 가져왔다.

리키 패럴은 카풀(차량공유)을 통해 출퇴근을 했지만 이젠 그럴 필요가 없어졌다. 절약된 기름 값으로 저축할 여유도 생겼다. 이는 자동차 판매에도 영향을 미친다. 연비가 낮아 인기를 잃었던 대형차들의 판매가 급격히 늘어나게 된 것이다.

전병제
코트라 디트로이트 무역관 관장

금융위기 전에 자동차 산업의 최고 판매량이 1,650만 대 수준이었죠. 그런데 2014년 기준으로 북미 지역에서 판매량은 1,995만 대로 약 2,000만 대 가까이 됩니다. 그 정도로 판매량이 크게 늘었어요.

미국에서 주유소를 운영 중인 김기환 사장도 기름 값 하락으로 사람들의 소비가 달라진 것을 실감 중이다. 기름을 넣는 차들이 더 많

| 기름 값이 1갤런에 1.99달러임을 나타내는 주유소 가격 안내판.

아진 덕에 주유소 매상이 오른 데다 운전사들이 주유소 편의점에서 물건을 사는 씀씀이도 더 커졌기 때문이다. 그는 예전엔 소비를 줄이느라 맥주도 한 캔씩만 샀지만 요즘은 여러 개가 들어 있는 팩으로 사는 경우가 많다고 한다. 기름과 가스비가 저렴한 만큼 주머니에 남는 돈이 더 많아졌다며 경제에서의 낙수효과를 몸소 실감하며 살고 있다고 말한다.

가계 소비가 미국 경제의 70%를 차지하는 상황에서 가계 소득은 미국 경제에 지대한 영향을 끼친다. 즉, 미국 경제는 가계의 임금 소득에 비례해 발전적 성장을 꾀할 수 있는 것이다. 이 때문에 현재의 미국 경제 회복에 대해서는 두 가지 의견이 있다. 하나는 가계 경제가 정말 좋아졌기에 회복세를 보이고 있는 것이라는 의견이고 다른 하나는 정부에서 푸는 돈의 힘으로 단기적으로 회복세를 보이고 있는 것이라는 의견이다.

지표상으로 봤을 때 가계 경제의 상승은 사실이다. 하지만 미국 정부가 돈을 많이 풀어 금융시장을 안정시켜 경기를 부양시킨 부분도 없지는 않다. 미국 정부의 양적 완화 정책은 결과적으로 달러 약세를 가져왔으며 달러 약세는 수출을 용이하게 만들었다. 그런데 이는 숨을 깔딱거리는 미국 경제에 호흡기를 달아준 응급처치다. 바로 이 때문에 단기적 회복세일 뿐이라고 논하는 의견들이 있다. 하지만 셰일 혁명으로 인한 에너지 자원의 확보, 고용창출의 효과, 진보된 기술, 노동생산성 향상 등과 같은 요소는 지속성을 갖고 있다고 볼 수 있을 것이다.

황량한 땅에 불어온 셰일 개발 붐

텍사스에 위치한 미들랜드는 1980년대 중반까지만 해도 석유개발로 호황기를 누렸었다. 하지만 1980년대 말 시작된 불경기로 인구는 줄어들었고 부동산은 침체기를 겪게 되었다. 그런데 이 땅에 셰일 개발 붐이 일기 시작하자 상황은 크게 변해버렸다. 10만 명에 불과하던 인구가 15만 명으로 늘었다. 덕분에 부동산도 호황이다. 2005년에 약 12만 5,000달러였던 주택 평균 매매가격이 2014년엔 약 28만 달러로 올랐다. 평균 연령대가 40세였던 미들랜드에 젊은 전문직들이 이주해오기 시작하면서 일어난 변화다. 이 전문직들의 평균 초봉은 12만 달러가 넘으며, 30만 달러짜리 집을 사는 데에도 스스럼이 없다. 미들랜드로 들어오는 사람들 중에는 다른 지역에서 직장을 찾지 못한 노동자들도 상당수다. 이들은 이곳에서 시추 작업이나 유전 관련 서비스업에서 일을 한다.

미들랜드는 1980년대부터 다세대 주택을 짓지 않았다. 다세대 주택을 지어봤자 들어와 살 사람들이 없었기 때문이다. 하지만 갑자기 늘어난 인구를 수용하기 위한 건설공사로 건설 회사들도 호황을 맞고 있다. 이는 호텔 건설로도 이어졌다. 셰일 개발 붐이 인 이래 20채가 넘는 호텔이 새로 지어졌다. 덕분에 이 도시의 가치는 매년 높아지고 있으며 실업률은 4% 미만으로 낮아졌다.

▌부동산 침체기를 겪던 미들랜드에는 셰일 개발로 다세대 주택과 호텔 건설 붐이 불고 있다.

셰일 개발은 미국에 새로운 부자를 탄생시키고 있다. 미국은 모든 지하자원을 땅 주인의 재산으로 인정한다. 이로 인해 셰일이 묻혀 있는 땅의 주인은 하루아침에 백만장자가 되는 행운을 누릴 수 있게 되었다. 주민 대부분이 낙농업에 종사하는 전형적인 미국의 시골 마을의 한 목장 주인인 에릭 플레이스도 이러한 사람 중 한 명이다. 그의 목장에 셰일가스가 나오기 시작한 후 그의 삶은 완전히 바뀌었다. 최근 집을 새로 지었으며 우리 돈으로 1억이 넘는 트랙터를 구입하기도 했다. 더 이상 힘든 목장 일을 하지 않아도 되었을 뿐 아니라 어마어마한 부를 누리게 되었다.

셰일 개발 붐은 황량한 땅에 황금기를 가져다주었다. 한가했던 시

| 소가 뛰어놀던 목장에서 셰일가스가 나오기 시작하면서 주민들의 삶은 완전히 바뀌었다.

골 마을은 이제 밤마다 불야성이다. 타지에서 일자리를 찾아 이 지역으로 이주한 사람들로 술집의 테이블이 꽉 찼다. 덕분에 서비스업도 성장하고 있다. 마을에 한 채도 없던 호텔이 우후죽순처럼 생겨났다. 하지만 빈방을 찾아보기 힘들다. 셰일 유정에서 일하는 인부들은 호텔을 구할 수 없어 트레일러에서 생활하면서 트레일러 임대업도 호황을 맞았다.

캠핑카 300개를 운영하는 데이브 브로드스키의 한 달 수입은 6,000만원 정도이다. 캠핑장 부지 가격도 1년 사이 8배나 올랐다. 인부들의 소득도 크게 높아졌다. 일자리를 찾아 셰일 유정으로 온 케빈리 쿡스는 일주일 수입이 200만 원 정도이다.

셰일이 개발되고 생산량이 늘어나면서 연관 산업도 동반성장하고 있다. 기술자를 구하고, 장비를 빌려주고, 석유와 가스를 수송하는 업체들이 함께 발전하고 있는 것이다. 에너지 산업과 연관 산업의 발전은 미국의 고용률을 높이는 성과를 내고 있다.

크리스 윌리엄스
건설 장비 회사 매니저

우리는 단순 건설업에서 오일 및 가스 사업으로까지 확대되었습니다. 우리 회사는 지난 5년간 아주 번창해왔고, 지금은 이곳 외에 세

지역에 본부를 두고 있죠. 셰일 석유 가스 업계에서 성장을 계속하
며 새로운 사업들로 영역을 확장하고 있습니다.

해리 모세르
리쇼어링 이니셔티브 회장

셰일 개발로 10만 개의 건설 관련 일자리를 창출했고 셰일 개발 시
설을 운영하는 5만 개의 일자리도 생겼습니다.

에너지 가격 하락으로 높아지는 산업 생산력

값싼 전기 공급이 가능해지며 미국
의 산업 생산력은 높아지고 있다. 셰일가스의 생산으로 미국 내 에너
지 가격이 떨어지면서 천연가스를 원료로 하는 기업들의 비용을 감
소시켜 큰 이익을 남길 수 있게 되었다. 이점은 다른 나라로 이전했던
미국 기업의 공장들을 다시 불러들이는 역할을 한다. 즉, 셰일혁명이
리쇼어링으로 이어져 미국 제조업 부활의 견인차 노릇을 하고 있는
셈이다.

폴 로머
뉴욕대학교 스턴경영대학원 교수

저렴한 에너지 가격은 미국 제조기업들의 비용을 감소시켰습니다. 또, 미국 전역의 상업 회사들의 비용도 마찬가지로 감소시켰죠.

셰일의 영향은 석유화학산업에서도 중요하다. 천연가스는 에틸렌 등으로 변환되고 비료, 플라스틱과 같은 각종 화학제품의 원료로도 쓰이기 때문이다. 덕분에 천연가스를 원료로 하는 석유화학 기업은 원료비가 절감되면서 가격경쟁력을 확보했다.

칠레에 있는 한 메탄올 공장에선 해체작업이 한창인데, 해체된 공장은 미국으로 향한다. 이 공장 말고도 많은 석유화학 기업들이 미국으로 다시 돌아오고 있다. 미국의 에너지 수도로 불리는 휴스턴의 석유화학 공장들은 휴일도 잊고 밤낮없이 돌아가고 있다. 석유화학 분야의 투자가 1,500억 달러에 달할 정도로 크게 늘었다.

이권형
대외경제정책연구원 연구위원, 아중동팀 팀장

석유화학의 경우, 기본적인 원재료가 석유자원 원유와 가스입니다.

셰일오일과 셰일가스가 미국에서 직접 생산되면서 가격이 떨어져 그만큼 미국의 석유화학 산업이 다른 나라보다 경쟁력을 가진다고 볼 수 있죠.

조엘 글래트먼
완구회사 케넥스 설립자

새로운 장비 때문에 생산 효율성이 좋아진 측면도 있지만, 석유가 플라스틱의 원료이기 때문에 유가 하락이 플라스틱 가격에 영향을 끼쳐 생산 단가가 낮아집니다.

현재 세계 27개국에 제품을 수출하고 있으며 미국에 3개의 공장을 두고 있는 우리나라 기업 삼동의 경우도 유가 하락의 이익을 톡톡히 보고 있다. 현재처럼 유가가 낮아진다면 에너지 소비가 증가할 수밖에 없는데 이로 인해 삼동의 생산품인 변압기와 발전기에 대한 수요가 계속 증가할 것이기 때문이다. 아시아나 유럽, 남미 쪽의 시장에 비해 유난히 북미 쪽 시장에서 두 자리 수 성장세를 보이고 있다.

셰일가스로 발전소도 달라지고 있다. 미국은 오래된 석탄 발전소를 철거하고 대신에 가스 발전소를 건설했다. 값싼 전기 공급이 가능해지면서 산업 생산력이 높아진 것이다. 더군다나 미국은 세계 전

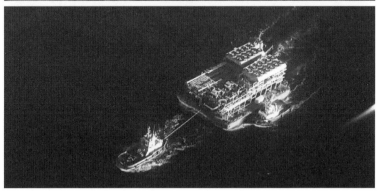

▌ 해체 후 미국으로 이동 중인 칠레 푼타아레나스의 메탄올 공장.

화력 발전소 해체

▐ 셰일가스 개발로 미국은 석탄 발전소를 철거하고 대신에 가스 발전소를 건설하고 있다.

력 산업의 30%를 차지하고 있는 실정이다. 최근의 에너지 가격 하락으로 전기 에너지 사용은 더 늘어나는 추세다. 이렇듯 에너지 비용 절감효과는 한 산업에서 끝나지 않고 다른 산업 분야로 파급 효과가 이어지고 있다.

박희준
에너지 이노베이션 파트너스 대표이사

저는 중장기적으로 앞으로 봤을 때 셰일혁명이 가져온 변화로 인해 앞으로 10년 이상 미국 경제가 좋을 거라고 생각합니다. 에너지 비용 절감 효과가 한 산업에서 끝나지 않고 화학 산업, 자동차 산업, 건설 산업으로 파급 효과가 나타나기 시작했거든요.

▌셰일혁명으로 인한 에너지 가격 하락으로 미국 기업들의 생산력이 높아지고 있다.

　셰일혁명은 미국 산업의 경쟁력을 근본적으로 바꿔놓았다. 고용을 늘렸고, 부가가치를 창출했으며 설비 투자를 유치했다. 전문가들은 셰일혁명이 향후 20년 동안 약 6,000억 달러의 경제적 이익을 가져다 줄 것이라 예상하고 있다.

폴 로머
뉴욕대학교 스턴경영대학원 교수

　앞으로 20년간 수입을 발생시킬 것으로 추측하는 경우, 전형적으로 그 자원을 활용하고자 초반에는 투자가 크게 폭발합니다. 그래서 셰일가스 혁명을 위해 상당한 투자가 유도되었고, 투자가 진행되는 과정에서 수많은 직업을 창출했습니다. 건설, 시추 등등에서 말이죠.

알리 라니시
휴스턴대학교 석유공학과 겸임교수

제작진 미국에 매장된 양질의 셰일오일이 미국 경제에 주는 혜택으로 무엇이 있을까요?

알리 라니시 크게 세 가지 혜택을 들 수 있겠죠. 첫 번째는 에너지 가용성입니다. 서유럽의 경우 중동과 러시아에서 들어오는 석유가스에 크게 의존합니다. 공급에 지장을 받게 되면 아주 곤란한 상황에 처하게 되죠. 이 때문에 서유럽의 경제는 석유 수출국에 속박을 받을 수 있습니다. 하지만 미국은 셰일오일의 개발로 외부에 의존하지 않고 에너지를 이용하게 되었죠. 두 번째는 저렴해진 석유 가격입니다. 절반으로 떨어진 기름 값으로 인해 미국 국민들은 낮은 유가의 혜택을 얻을 수 있게 되었죠. 예를 들어, 작년 이맘때에 제가 차를 주유할 때 55달러를 내야 채울 수 있었던 기름을 오늘 아침엔 25달러에 채웠습니다. 세 번째는 셰일오일이 미국의 성장을 부채질하는 데 크게 도움이 된다는 것입니다. 사실 이는 논의 대상도 아닙니다. 석유가스가 없으면 우리 경제는 멈춥니다. 산업을 성장시키고 지역사회를 발전시키기 위해선 석유가 꼭 필요하죠. 태양열, 풍력에너지, 핵에너지 등의 이용에 관한 논의가 많지만 가까운 장래에 우리는 경제를 돌리기 위해 탄화수소 에너지에 크게 의존할 것입니다. 전기자동차가 있지만 전기 역시 석유가스로 생성하죠. 따라서 석유가스 생산을 계속할 방안에 초점을 맞춰야 합니다.

제작진 셰일가스로 인해 미국의 석유가스 산업은 계속해서 경쟁력을 가질 수 있을까요?

알리 라니시 미국 석유가스 산업은 경쟁력을 유지할 것이라고 봅니다. 미국은 세계 최대 석유가스 소비국입니다. 석유가스에 대한 수요가 있는 한, 미국 석유가스 산업은 지역사회의 수요를 충족하며 존재할 겁니다. 그리고 미국은 도전에 직면하면 그것을 피할 방법을 찾아 시장과 지역사회의 요건을 수용해 앞으로 나아갈 수 있을 겁니다. 저는 이러한 요인이 미국 석유가스 산업의 경쟁력을 유지하는 가장 큰 이유라고 보고 있습니다.

11

최첨단기술이 가져온
셰일의 기적

존재하지만 세상에 나올 수 없었던 셰일

1970년대만 해도 미국은 원유 생산량이 960만 배럴에 이를 정도로 호황을 맞이했지만 점차 고갈된 탓에 2008년엔 원유 생산량이 500만 배럴에 불과해졌다. 이로 인해 1975년, 미국 정부는 원유 수출 금지정책을 펼치기도 했다. 이러한 상황에서 미국의 많은 석유업자들도 살 길을 찾아야 했는데 그중 하나가 바로 셰일오일 채굴이었다.

셰일은 오랜 시간 모래와 진흙이 싸여 단단하게 굳어진 퇴적암층(셰일층)에 넓게 퍼져 있는 천연가스나 석유를 말한다. 일반적인 천연가스나 석유와 그 성분은 다르지 않지만 캐내는 방식의 차이 때문에 셰일오일이라는 이름이 붙여졌다. 사실 셰일오일의 존재는 130년 전부터 알려져 왔으며 많은 이들이 셰일오일을 발굴하고자 노력했다. 한 예로 50년 전, 펜실베이니아, 웨스트 버지니아에 셰일오일이 있다는 것을 안 석유업자들은 그곳에서 셰일오일 채굴을 시도한 적도 있었다. 하지만 그 과정이 몹시 어려운 데다 채산성이 맞지 않아 더 이상 생산하지 않았다. 미국은 2000년에도 상당히 많은 셰일오일이 버몬트 주의 바넷에 존재한다는 것을 알았지만 경제적 이유로 생산해내지 못했다.

알리 라니시
휴스턴대학교 석유공학과 겸임교수

셰일오일을 생산하는 데 높은 비용이 들면 수익성이 떨어집니다. 또, 셰일오일이 어디에 묻혀 있는지에 따라서도 비용은 달라지죠. 이를 테면, 바켄은 사업비용이 많이 드는 지역입니다. 이곳은 송유관이 없고 물류가 아주 비싸죠. 그리고 석유가스 작업에 우호적인 환경이 아닙니다. 여기에서 환경은 기온을 말합니다. 날씨가 아주 추우면 작업하기 어려워지죠.

전통적인 원유 시추는 땅을 직선으로 파서 땅 속에 고여 있는 석유를 그저 퍼 올리면 되는 단순한 작업이었다.

셰일오일은 퇴적암이 쌓일 때 함께 묻힌 고대 생물들의 화학변형 물질과 그로 인해 생긴 가스로 퇴적암층 미세한 틈 사이에 갇혀 있다. 전통적인 원유의 추출은 직선으로 땅을 뚫은 뒤 땅 속에 고여 있는 석유를 그저 퍼 올리기만 하면 되었다. 반면, 셰일오일은 셰일 암석층에 원유와 가스가 넓게 퍼져 있어 땅을 수직으로 뚫고 나서도 다시 수평으로 가는 고도의 작업이 필요하다. 경제성이 있는 퇴적암층은 지표에서 수직으로 2~3km 정도 아래에 묻혀 있다. 좀 더 많은 양의 셰일가스를 생산하려면 최대한 넓은 표면적을 발굴해야 하기에 채산성이 떨어졌다.

뿐만 아니라 셰일오일은 고체로 되어 있어 액체인 석유와 달리 증류처리까지 해야 한다. 지하 수천 미터 아래로 내려가 고체인 셰일 암석을 화씨 850도로 가열해 증류처리를 하는 것은 거의 불가능한 일처럼 보였다.

셰일오일을 채굴하기 위해 지난 수십 년간 미국의 많은 석유업자들이 어마어마하게 많은 돈을 투자하고 온갖 노력을 기울였다. 하지만 그 누구도 셰일오일 채굴 기술을 완성하지 못했다. 결국 미국의 일부 기술자들과 석유업자들은 셰일오일의 발굴은 불가능한 일로 치부했다. 땅 속에 숨겨져 있는 것을 알지만 아무도 건드릴 수 없는 검은 보석은 그렇게 영원히 세상 밖으로 나올 일이 없는 것처럼 보였다.

타미 톰슨
석유 및 가스 생산업체 아나다코 페트롤리엄 생산 책임자

석유 업계에서는 셰일가스에 대해 오래전부터 알고 있었습니다. 셰일가스와 오일은 석유 회사들이 지난 수백 년 동안 개발해온 기존의 가스, 오일과 본질적으로 같은 것입니다. 다만 최근까지도 셰일가스와 오일 그 자체를 개발할 수 있는 기술이 없었을 뿐입니다.

셰일가스와 셰일오일을 꺼낸 혁신적인 채굴 기술

지하 깊은 암석층에 꽁꽁 숨어 있던 석유와 가스를 세상 밖으로 꺼낸 이는, 셰일의 아버지라 불리는 조지 미첼이다. 텍사스의 석유업자인 그는 셰일오일 발굴에 17년이라는 시간을 보냈다.

멕시코만 일대는 미국 원유 생산량의 30%, 천연가스 생산량의 20%를 차지하는 최대의 석유 산업지대로 이름 나 있다. 그곳에서 조지 미첼은 석유와 천연가스 개발에 나섰다. 석유 개발에 어느 정도 성공을 거두었지만 1970년대 들어서서는 위기에 부딪혔다. 수년간의 개발로 텍사스의 천연자원이 고갈되고 있었기 때문이다. 당시 많

은 석유 회사들은 해외 유전에 눈을 돌려 그곳을 떠났지만 조지 미첼은 머물렀다. 그를 떠나지 못하게 했던 것은 '지질 보고서'였다.

1982년에 입수한 보고서에는 '텍사스 땅 깊숙한 곳에 셰일오일과 가스가 있다'는 내용이 담겨져 있었다. 조지 미첼은 땅 속 깊이 광범위하게 묻혀 있는 셰일오일과 가스를 발굴하기로 결심을 한다. 이후, 그는 자기 돈 600만 달러를 들여가며 '수압파쇄공법'의 기술을 개발하고 1만 개가 넘는 유정을 파냈다. 하지만 연이은 실패로 이렇다 할 성과를 내지 못했다. 그 과정 속에서 그는 주변 사람들로부터 '쓸 데 없는 노력일 뿐'이라는 말을 들어야 했다. 심지어 지질학 박사인 아들조차 셰일가스 발굴은 불가능한 일이며 결국 좌절하게 될 것이라며 만류했다. 그런데 조지 미첼은 17년 간의 시행착오 끝에 그의 나이 80세를 앞둔 1998년 셰일오일 채굴 기술을 완성해냈다. 마침내 미국이 보유한 엄청난 양의 셰일오일과 가스가 경제성을 갖게 된 순간이기도 했다.

조지 미첼
수압파쇄기법 최초 개발자

지질학자들이 그러더군요. 시간과 돈 낭비를 하고 있다고요. 끈기가 매우 중요했습니다. 왜냐하면 보통 사람들은 기술자들 말만 듣고

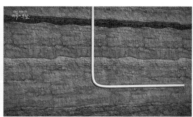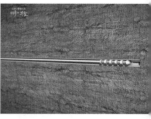

▌땅속 깊이 묻혀있는 셰일오일과 가스를 캐내기 위해선 일단 수직으로 땅을 파내려 가다가, 셰일 암석층을 만나면 다시 수평으로 판다.

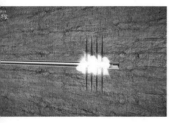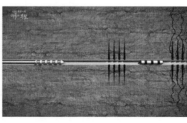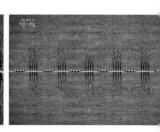

▌그 다음 전기 충격으로 셰일 층에 균열을 주고

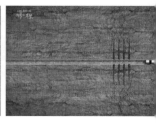

▌물과 모래, 화학용액을 엄청난 압력으로 분사해 미세한 틈을 만들어낸다.

▌이 틈을 통해 셰일 층에 갇혀 있던 천연가스와 원유가 지상으로 뿜어져 나온다.

3~4년 후 포기해버렸거든요.

　　조지 미첼이 새로 개발한 채굴 기술은 수평시추와 수압파쇄법이다. 그 방법을 간단히 살펴보면 이렇다. 일단 수직으로 땅을 파내려 가다가 셰일 암석층을 만나면 수평시추를 이용해 수평으로 땅을 판후 전기 충격으로 셰일 층에 균열을 낸다. 그런 다음 물과 모래, 화학용액을 섞은 혼합물을 엄청난 압력으로 분사하여 균열이 난 셰일 층에 미세한 틈을 만들어내는 것이다. 셰일 층에 갇혀 있던 천연가스와 원유가 미세한 틈을 통해 지상으로 뿜어져 나오도록 하기 위해서다.

알리 라니시
휴스턴대학교 석유공학과 겸임교수

아주 복잡한 공정입니다. 수압파쇄공법을 성공시키기 위해 파쇄 시스템을 계속 바꾸고, 파쇄를 위해 새로운 액체를 개발하고, 수평정에 들어가는 장비를 바꾸고, 사용하던 기술을 개량해야 했습니다. 지금도 기술혁신은 이루어지고 있습니다.

　　이 혁신적인 기술은 시추에서 생산까지 3달 밖에 걸리지 않게 만들었다. 덕분에 소규모 에너지 기업도 석유 생산에 참여하는 것이 가능해졌다.

혁신적인 시추 개발로 미국의 셰일가스 생산량은 2007년부터 매년 50%씩 빠르게 성장했다. 2014년에는 일일 원유 생산량이 1,100만 배럴을 기록했는데 2019년에는 하루 생산량이 1,310만 배럴까지 증가할 것이라는 예상까지 나와 있다. 이는 '셰일의 아버지'라 불리는 조지 미첼의 끊임없는 기술 개발과 노력, 실패를 두려워하지 않는 도전 정신이 만들어낸 성과였다.

셰일의 특혜는 미국만의 것인가

셰일혁명은 미국에서 일어났지만 셰일오일은 미국에만 있는 것은 아니다. 미국 에너지정보청(EIA)에 따르면 러시아를 비롯해 중국, 남미, 유럽의 여러 나라에 상당히 많은 셰일층이 존재하는 것으로 나타났다. 국가별 셰일오일 매장 추산량을 보면 러시아가 750억 배럴로 580억 배럴인 미국보다도 높다. 3위는 중국으로 320억 배럴이 매장되어 있는 것으로 예측된다. 그 뒤를 아르헨티나(270억 배럴), 리비아(260억 배럴), 베네수엘라, 멕시코(각 130억 배럴), 캐나다·파키스탄(각 90억 배럴) 등이 잇고 있다. 하지만 이는

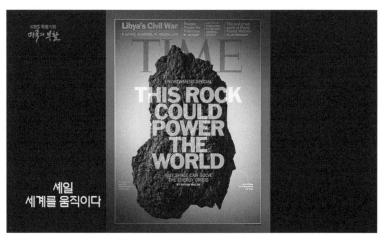

세계적으로 전통 원유의 생산을 대체하는 셰일에 대한 관심은 높아지고 있다.

어디까지 추산량에 불과하다. 지속적으로 추산량은 늘고 있으며 앞으로는 중국이 훨씬 더 많은 매장량을 갖고 있을 것이라는 예측까지 나오고 있다.

하지만 문제는 이들 나라 대부분이 셰일오일을 생산하기에 적합한 사회구조와 인프라를 갖추지 못하고 있다는 데 있다. 이를테면, 미국은 셰일오일의 소유주가 그 땅의 주인이다. 즉, 사유제로 운영되고 있다. 그 결과, 기업이나 개인은 셰일가스 개발에 투자를 아끼지 않으며 채굴에 적극적으로 뛰어든다.

환경 문제도 있다. 셰일가스의 채굴 방식인 수압파쇄법은 모래, 화학제를 혼합한 물을 고압으로 투사해 셰일층을 부수게 되어 있는데

이 과정에서 방출되는 메탄의 양은 7.9% 이상이다. 메탄가스는 이산화탄소 다음으로 온실 가스의 주범이기도 하다. 이처럼 환경적인 측면에서 셰일오일은 많은 저항에 부딪힌다. 더불어 셰일오일은 기존의 석유와 달리 경제적 측면에서 그다지 가성비가 좋은 편은 아니다. 전통적인 원유를 대체할 수는 있지만 채굴 과정이 복잡하고 첨단기술을 이용해야 하기 때문에 채굴비용이 높을 수밖에 없다. 이러한 이유들로 인해 미국에서도 셰일오일 개발에 대한 반대는 존재했다. 하지만 반대한다고 사업이 중단되지는 않았다. 석유가스 사업자와 공동체 사이의 이해가 충돌할 경우, 대화와 합의를 통해 해결책을 찾아나가기 때문이다.

반면, 중국의 경우엔 2020년까지 6,000억 위안을 투입해 셰일오일과 가스를 생산해내겠다는 계획을 갖고 있지만 기술력과 환경 문제라는 장애물을 쉽게 넘어서지 못하고 있다. 셰일 채굴 기술이 미국에 비해 뒤떨어져 있는 데다 복잡한 지질과 단층구조로 채굴 비용도 훨씬 많이 든다. 하지만 기술 개발에 박차를 가하고 있기 때문에 향후 10년 안에 셰일오일의 지도가 어떤 식으로 변할지는 알 수 없는 일이다.

이처럼 많은 나라가 셰일오일에 관심을 기울이고 개발에 나서고 있다. 그렇다면 한국은 어떤 상황일까.

테리 인젤더
미국 지질학자

한국도 셰일 암석이 있을 수 있습니다. 다만 너무 깊숙이 묻혀 있을 것입니다. 그래서 지열로 너무 뜨거워지며 내부의 모든 가스가 타버렸을 거예요. 한국은 아마 그런 경우일 거예요. 흑색 셰일 암석이 있을 수 있겠지만 가스를 보존하기에는 조건이 너무 혹독했던 거죠.

한국에서 셰일오일이 개발될 수 있는지 없는지의 문제를 떠나 셰일오일을 중심으로 변화하고 있는 국제 정세는 한국의 석유가공품 및 정제품 생산에도 치명적 영향을 줄 수 있다. 따라서 한국도 셰일오일에서 자유로울 수 없다.

김연규
한양대학교 국제학부 교수

제작진 업계에선 셰일 암석층에서 오일이 나온다는 사실을 훨씬 오래전부터 알고 있었습니다. 단지 그동안 개발이 되지 않고 있었죠. 그런데 왜 갑자기 미국에서 개발되었을까요?

김연규 미국 정부는 에너지 위기가 있었던 1970년대 이후에 셰일오일 개발을 적극적으로 지원하기 시작했습니다. 그러한 지원이 30년 동안이나 이루어진 후에야 빛을 발했다고 볼 수 있겠죠. 그리고 미국은 독특한 에너지 시스템을 갖고 있는데, 그것이 셰일오일의 개발에 영향을 미쳤다고 볼 수 있습니다.

미국은 7개의 메이저 오일 기업이 있고, 3,000여 개에 달하는 중견 또는 소규모 회사들이 있어요. 그런데 메이저 기업보다 이 중견기업들이 셰일가스 기술 개발에 적극적으로 나섰어요. 그리고 이들이 기술개발을 상용화했죠. 또, 월가가 지원하는 풍부한 자본금이 비전통 에너지 산업으로 투자되었어요. 이러한 시스템이 셰일오일 혁명을 가능하게 만들었다고 볼 수 있어요.

제작진 그러니까 미국에서 셰일오일의 상용화가 성공할 수 있었던 건 지극히 미국적인 현상이라는 말씀이신가요?

김연규 중국도 미국 못지 않은 셰일오일 매장량을 갖고 있어요. 러시아는 셰일오일 매장량이 가장 많은 것으로 드러났고요. 하지만 미국이 수압파쇄법과 수평시추 기술을 독점하고 있기 때문에 다른 나라에선 셰일오일을 상용화하는 데 어려움이 따르고 있죠. 그리고 미국은 독특한 규제방식을 갖고 있어요. 에너지에 관한한 미국의 규제방식은 말 그대로 시장 사유화에 기반하고 있죠. 예를 들어 미국의 중견 셰일가스 회사들은 초기에 펜실베이니아 같은 농업 부지를 싼값에 구입했어요. 셰일가스를 발굴하기만 한다면 그건 그들의 소유가 되니까요. 한 마디로 땅속의 황금을 캐내 부를 이룰 수 있는 기회인 것이죠. 그런데 이러한 방식은 중국이나 아르헨티나, 멕시코에서는 힘든 일이죠. 이들 나라는 사유화 재산이 확립되어 있지 않기 때문이에요. 특히 중국은 땅 밑이나 땅 위의 모든 재산이 국가 소유죠. 미국식의 이런 빠른 셰일가스 개발 방식은 아마 따라하기 힘들지 않을까 생각합니다.

12

세계 경제의 판도를 바꾸는
바꾸는 **셰일오일**

벼랑 끝으로 내몰린 자원 부국 베네수엘라

남미의 최대 산유국인 베네수엘라
는 석유 매장량 세계 1위를 기록하고 있는 자원 부국으로 한때 1인
당 구매력이 미국에 버금갔던 나라였다. 하지만 현재 베네수엘라는
'세계에서 가장 비참한 나라'에 손꼽히는 수모를 겪고 있다. 급속한
인플레이션과 경제 붕괴로 경제 고통지수 1위를 차지했다. 2위인 아
르헨티나의 고통지수 39.9에 비해 4배 가까이 높은 159.7이다. 미국
의 경제학자 아서 오쿤이 고안한 고통지수는 소비자 물가상승률과
실업률로 측정한다. 때문에 고통지수는 물가와 실업률의 상승에 비

례할 수밖에 없다.

2016년 베네수엘라의 물가상승률은 최대 380%에 육박한 것으로 나타났다. 베네수엘라 정부에서는 물가상승률을 100%라고 발표했지만 이미 2015년에 200%를 넘어 섰다. 이처럼 물가상승률이 높아질 대로 높아졌지만 국제 사회나 경제전문가들은 앞으로 더 높은 물가상승률이 발생할 것이라 보고 있다. 심지어 뱅크 오브 아메리카의 이코노미스트인 프랜시스코 로드리게스는 베네수엘라 정부가 물가상승을 억제하는 조치를 하지 않으면 1,000%의 물가상승률을 기록할 것이라는 예측까지 하고 있다.

실업률 상승 또한 현재 베네수엘라 경기를 더 어렵게 만드는 요소 중 하나다. 2015년 이후 공식적인 통계를 발표한 바는 없지만 전문가들의 분석에 따르면 2016년 베네수엘라의 실업률은 17%로 추산된다. 이 같은 현실은 베네수엘라 국민들의 일상을 벼랑 끝으로 모는 결과를 낳았다. 한 예로, 국영상점 앞에는 생필품을 구하려는 수백 명의 사람들이 늘 줄을 선다. 새치기를 하는 사람들 때문에 곳곳에서 싸움이 일어나는 모습도 어렵지 않게 볼 수 있다.

유가 하락 이후로 베네수엘라에선 생필품을 구하는 건 어려운 일이 되어버렸다. 전날 저녁부터 상점 앞에 줄을 서 밤새도록 길에서 시간을 보내도 구할 수 있는 생필품은 4개밖에 되지 않는다. 한 사람당 4개의 물건만 구입할 수 있기 때문이다. 돈이 있다고 누구나 다

▍국영상점 앞은 생필품을 사기 위해 밤을 샌 사람들로 붐빈다. 막 들어온 생필품은 제대로 진열될 틈도 없이 순식간에 동이 난다.

상점에 갈 수 있는 것도 아니다. 자동차 5부제처럼 사람마다 물건을 살 수 있는 날이 정해져 있다.

베네수엘라에선 생필품의 70%를 해외에서 수입한다. 그중 몇몇 품목은 국영상점에서만 구할 수 있기에 물건이 들어온다는 소문이 퍼지면 전날 상점 문이 열리기도 전에 구름처럼 몰려든 사람들로 긴 줄이 만들어진다. 다음 날 아침 상점 문이 열리자마자 생필품은 무서운 속도로 동이 나버린다.

리셋 야네스는 전날 저녁 8시부터 상점 앞에서 진을 치고 기다렸지만 아기 분유 한통, 기저귀, 세숫비누, 샴푸를 겨우 구입했을 뿐이다. 그럼에도 그녀는 그나마 다행으로 여긴다. 아무리 오랜 시간 줄을 서도 생필품을 구하지 못하는 사람들이 훨씬 많기 때문이다. 이 같은 상황은 암시장 물가를 천정부지로 치솟게 만들었다. 심지어 상점을 약탈하는 등의 폭력사태도 빈번하게 이루어지고 있다. 때때로 소셜 미디어에는 가게에 침입하거나 제품을 실은 트럭을 덮치는 사람들의 모습을 담은 동영상이 올라오기도 한다. 서로 물건을 차지하기 위한 난투극이나 살인이 빈번하게 일어나고 있으며 심지어 길거리의 개와 고양이, 비둘기 사냥까지 하는 사람들까지 생겨났다. 또, 의약품 부족으로 제대로 된 치료를 받지 못한 채 죽어가는 사람들도 늘어났다. 그럼에도 베네수엘라 정부는 국민들의 고통을 해결할 수 있는 어떤 대책도 내놓지 못하고 있다.

홀리오 세사르 피네라
베네수엘라 정치학자

베네수엘라는 사상 유례 없는 경기침체와 인플레이션을 겪고 있습니다. 또, 미달러 환율이 평가절상되어 경기가 매우 나쁩니다. 지금 베네수엘라는 경제위기이고, 세계에서 가장 높은 인플레이션에 시달리고 있으며 시장에는 생필품이 없습니다.

  정부를 비판하는 사람들의 시위도 연일 벌어지고 있으며 대통령인 니콜라스 마두로를 축출하려는 압력도 거세지고 있다. 이러한 상황에서 정부는 2016년 5월 13일, 6개월간의 국가 경제 비상사태를 선포했다. 마두로 대통령은 비상사태를 선포함으로써 의회의 동의가 없어도 2달간 세금 인상과 복지정책 시행, 식량 수입 같은 각종 비상조치를 취할 수 있으며, 기업체 활동과 산업 생산, 통화 거래 등의 통제를 강화할 수 있게 되었다. 실제로 그다음 날인 14일, 공장 가동을 멈춘 기업을 몰수하고, 외세의 위협에 맞서기 위한 군사훈련 같은 잇

▌돈을 인출하기 위해 현금지급기 앞에 줄을 선 사람들. 베네수엘라 돈은 도둑도 안 훔쳐간다는 말이 나올 정도로 화폐 가치가 떨어졌다.

따른 초강경 정책을 내놓았다. 하지만 이 같은 정책은 정부에 대한 국민들의 반감을 더 높일 뿐이다.

경제의 축복에서 독이 되어버린 석유

석유는 두 얼굴을 가지고 있다. 어떤 나라는 빈곤하게 만드는 반면, 어떤 나라에겐 부를 가져다준다. 과거 베네수엘라는 후자 쪽이었다. 베네수엘라의 석유 매장량은 2015년 기준으로 2,983억 배럴로 세계 석유 매장량의 1위를 점하고 있다. 사우디아라비아가 2,670억 배럴로 2위를 이었으며 캐나다는 1, 2위에 훨씬 못 미치는 1,729억 배럴로 3위를 차지했다. 석유 매장량으로만 본다면 베네수엘라의 경제가 붕괴될 이유가 없다. 실제로 2014년까지만 해도 베네수엘라는 국제 원유시장에서 가장 중요한 영향을 미쳤던 국가 중 하나였다.

베네수엘라 오리노코 강 유역에는 2,300억 배럴의 원유가 묻혀 있다. 그런데 이곳에 묻혀 있는 원유는 점성이 강한 초중질유로 고체에 가까워 시추가 어렵다. 유가가 배럴당 70달러 이상일 경우에 경제성을 가진다. 국제 유가가 높았을 때는 상품성을 인정받았지만 유가가 하락하면서 이곳의 원유는 이제 상품성이 없다.

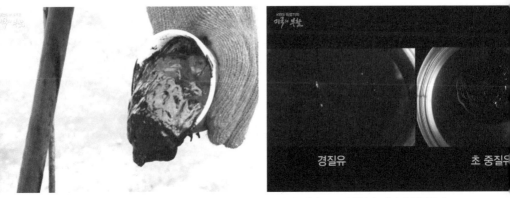

경질유 초 중질유

| 베네수엘라에서 나오는 점성이 강한 초중질유는 유가 하락으로 채산성이 떨어져 상품성이 없어졌다.

현재 베네수엘라의 석유는 국제 원유시장에 어떤 영향력도 미치지 못한다. 오히려 매일 미국에 70만 배럴을 수출했던 석유를 전부 버릴 지경에 처해 있다. 미국은 셰일오일의 개발로 더 이상 베네수엘라의 석유를 수입할 필요가 없어졌기 때문이다.

국제유가의 하락으로 석유 수출이 막힌 베네수엘라는 극심한 인플레이션에 시달리게 된다. 그런데 그 책임이 오로지 유가 하락에만 있는 것은 아니다. 베네수엘라는 세계 5위의 산유국으로 수출의 96%를 석유에만 의존해왔다. 천연자원에 심하게 의존한 나머지, 천연자원의 가격 변동에 매우 취약한 구조를 갖게 된 것이다. 게다가 베네수엘라는 보건, 교육 주택 등 사회복지관련 지출의 대부분을 국영석유회사인 페데베사(PDVSA)의 수익으로만 지출하는 구조를 지

니고 있다. 이로 인해 2015년에 들어서서는 베네수엘라의 외환보유
고는 거의 바닥을 보이게 된다.

이는 같은 시기 5,000억 달러 이상의 외화를 보유하고 있는 쿠웨
이트와는 전혀 다른 행보다. 쿠웨이트는 베네수엘라와 같은 석유 수
출 국가지만 고유가 시절에 석유채권을 활용하여 부를 축적해왔다.
반면, 베네수엘라는 1999년 우고 차베스 전 대통령의 집권 이후 복
지에 너무 많은 재정 지출을 하는 바람에 석유 수출로 벌어들인 돈
을 모두 탕진하고 말았다.

폴 로머
뉴욕대학교 스턴경영대학원 교수

미국의 셰일 원유 발굴이 결과적으론 베네수엘라의 경제에 부정적
영향을 미친 것은 사실입니다. 하지만 진짜 문제는 이 나라가 지나
치게 에너지 수출에 의존적이었다는 데 있어요. 베네수엘라가 앞으
로 해야 할 합리적인 일은 경제구조를 보다 다양화시키고 유연해지
는 방법을 배우는 겁니다.

베네수엘라의 전 대통령 우고 차베스는 2013년 사망 전까지 14년
동안이나 베네수엘라를 통치했다. 그는 파격적인 언행으로 미국과

▌축복받은 자원 부국 베네수엘라는 석유에만 의존하는 경제구조 때문에 빈곤국으로 전락하게
되었다.

신자유주의를 비판했으며 베네수엘라는 물론 남미의 좌파동맹을 이
끌어 오랫동안 국민들의 지지를 얻을 수 있었다. 그런데 차베스 정부
의 이 같은 행보는 석유가 있기에 가능했다. 이웃 국가들에게 원유를
싼값에 제공했고 거액의 원조를 지원하며 반미 연대를 구축할 수 있
었기 때문이다. 차베스는 집권 기간 동안 극빈층에게 무료 임대주택
을 제공하고 교육과 의료를 무상지원했다. 1,000여 개가 넘는 민간기
업을 국유화하고 상품 가격을 통제해 물가를 안정시켰다. 그 덕분에
빈곤층의 삶은 개선되었다.

훌리오 세사르 피녜라
베네수엘라 정치학자

차베스 전 대통령의 혁명과 정권이 성공한 비결은 배럴당 140달러가 넘는 고유가 덕분입니다. 니콜라스 마두로 현 대통령은 고유가를 통한 정치모델을 추진할 수 없죠. 지금은 저유가에 원유 생산량도 줄어들었고, 석유 산업에 대한 투자도 없습니다. 세계는 변했습니다. 베네수엘라도 다른 정책을 펼쳐야 합니다. 국내외적인 상황이 이전과는 분명히 다르다는 점을 인식해야 합니다.

　미국 경제정책연구센터에 따르면 2004년 이후 베네수엘라는 빈곤율의 50%, 극빈율의 70%가 감소되는 성과까지 얻어냈다. 하지만 이 과정에서 기업인과 중산층의 반발을 샀으며 외국인 투자 유치엔 어려움이 따랐다. 기업의 경쟁력이 크게 떨어지면서 산업이 위축되고 국고의 대부분을 석유 수출에 의지하게 된 것이다. 그럼에도 베네수엘라는 유가 하락에 대비할 준비를 전혀 하지 않았다. 쿠웨이트나 사우디아라비아처럼 부를 축적하지도 않았고 다른 산업을 육성하지도 않았다.

　미국의 경우 천연자원은 여러 사업 중 하나에 불과할 뿐이다. 미국은 온갖 분야가 얽힌 채 발전을 꾀하는 굉장히 복잡한 경제구조를 지니고 있다. 이는 세계 경제의 변화나 불경기에 다양하면서도 유연한 방법으로 대처해나갈 수 있는 저력이 되기도 한다. 하지만 베네수엘라는 석유 수익을 전부 지출하였고, 다른 산업을 육성시키지도 못했다. 제조업의 기반이 마련되어 있지 않은 베네수엘라는 결국 70% 이상의 공산품을 수입에 의존하게 된 것이다.

폴 로머
뉴욕대학교 스턴경영대학원 교수

베네수엘라와 대비하여 칠레를 예로 들면, 칠레는 구리 매장량을 이용해 펀드를 만들었습니다. 구리의 가격이 올라간 호기에는 큰 수입을 벌어들였다가 구리 가격이 떨어지면 그 구리의 일부를 사용하죠. 베네수엘라도 칠레처럼 벼락 경기와 불경기의 교체에서 스스로를 보호할 방법으로 천연 자원을 아껴두는 일이 필요합니다.

미래가 사라진 국민들

현재(2016년 6월 기준)도 베네수엘라의 상황은 나아질 기미를 보이지 않는다. 휴지를 구입하는 것보다 베네수엘라 화폐를 휴지 대용으로 사용하는 게 낫다거나 베네수엘라 돈은 도둑도 훔쳐가지 않는다는 말이 나올 정도로 화폐 가치는 폭락한 상태다. 은행 현금지급기 앞에서 만난 곤살로 디아스는 급여를 찾고 있었다. 화폐 가치 하락으로 그가 보름 동안 일하고 받은 돈으로 살 수 있는 것은 닭 한 마리와 밀가루 하나 밖에 없다. 열심히 일을 해도 기본적인 생활을 유지하기가 힘들 뿐만 아니라 식량 부족으로 굶는 사람들도 속출하고 있다.

최악의 경제위기는 하늘 길마저 끊어놓았다. 2016년 5월 대부분의 항공사는 베네수엘라 행 비행기의 잠정적 운행 중단을 결정했다. 경제난으로 승객이 준 데다 외화 부족에 시달리는 베네수엘라 정부가 수십억 달러에 이르는 채무를 갚지 않았기 때문이다. 베네수엘라는 채무를 갚기 위해 2015년부터 금을 팔기 시작했다. 2016년 2월에서 3월까지 2달 동안 팔아치운 금만 해도 40톤이 넘는다. 세계 금 협회에 따르면 베네수엘라는 전 세계에서 16번째로 많은 367톤의 금을 보유하고 있다. 이는 차베스 전 대통령이 '달러화의 독재'에서 벗어나기 위해 다량으로 금을 사들였기 때문이다. 그런데 지난 1년 동안 전체 금 보유량의 3분의 1이나 처분해버렸다. 그럼에도 베네수엘라는 여전히 재정적자와 국가 부채의 압박에 시달리고 있다.

이러한 현실은 베네수엘라 국민들의 미래까지도 빼앗아버렸다. 국영 석유 공사에서 12년 동안 일을 하던 미겔 타바타는 동료들과 함께 해고당한 후 경제난에 시달려 왔다. 그나마 대기업 부사장으로 일하는 아버지 덕분에 굶지는 않지만 살림살이는 팍팍하기만 하다. 아버지 생일상을 차리기 위해 미겔은 그동안 잘 가지 않았던 민영상점을 찾았다. 국영 상점과 달리 수입 생필품은 구할 수 없지만 식료품을 구할 수는 있어서다. 다만 그 가격이 원체 비싸 찾는 사람들이 드물 뿐이다. 야채 1kg이 한국 돈으로 6만 5,000원일 정도다. 비상금을 모두 털었지만 베네수엘라 전통요리를 만들기 위해 필요한 닭을 구할 수는 없었다. 그나마 구한 재료가 베네수엘라 사람들이 즐겨 먹지 않는 돼지고기다. 어렵게 몇 가지 식료품만을 구입하고 집으로 향한 그는 안에 다른 가족이 있는데도 열쇠로 문을 연다. 형편없이 나쁜 치안으로 2중, 3중으로 문을 닫아도 안심이 되지 않는 상황이다. 그는 현재 베네수엘라의 상황을 이렇게 설명한다.

"베네수엘라에서는 말 그대로 사람들이 그날 벌어 그날 살아갑니다. 사람들은 최선을 다해 일하지만 힘들어요. 미래를 계획하고 저축하는 것은 불가능하죠. 저뿐만 아니라 많은 사람들이 이러한 처지에 있습니다."

현재 베네수엘라에는 미겔처럼 하루아침에 직장을 잃은 사람들로 넘쳐난다. 달러가 없어 원료를 수입하지 못하는 공장들이 줄을 이어 문을 닫았기 때문이다. 포장 자재 공장의 책임자인 라미로 메사는 베네수엘라의 경제위기를 '정부 정책'에서 찾기도 한다.

이 공장에서는 얼마 전 원자재 구매에 필요한 달러를 얻는 데 4개월이나 걸렸다. 베네수엘라의 많은 기업이 이런 문제로 문을 닫고 있다. 기업의 계획보다는 모든 게 정부의 계획에 달려 있는 셈이다. 정부 계획만이 중요하고 정부가 기업인을 통제한다고 그는 말한다. 개인이 달러나 생산에 필요한 자금을 얻는 계획을 세울 수 없다는 것이다.

▌많은 공장들이 달러 부족으로 원자재를 수입하지 못해 문을 닫은 상태다.

▌베네수엘라 산업이 마비되며 사람들은 일자리 구하기가 더 어려워졌다.

가브리엘 비야미사르
베네수엘라 경제 전문가

자동차 산업이나 의약 산업이 마비됐고 식료품 산업도 곤란을 겪고

있습니다. 베네수엘라는 작년에 이어 세계 최대의 인플레이션 국가

가 될 것입니다.

직장을 잃은 이들을 기다리는 건 높은 물가와 부족한 식료품이다.

이는 직장을 가진 사람들에도 고통을 주고 있다. 극심한 인플레이션

으로 베네수엘라 통화 볼리바르는 냅킨 한 장보다도 못한 취급을 받

는다. 2015년 한 소셜미디어에는 농담 같은 사진 한 장이 올라왔다. 파이 요리인 '엠파나다'를 쥘 때 냅킨 대신에 볼리바르 지폐를 사용한 사진이다. 사진에는 '베네수엘라의 경제가 워낙 엉망이어서 냅킨을 사는 것보다 그냥 현금을 쓰는 게 더 싸다'는 설명이 붙었다. 베네수엘라의 상황을 극단적이지만 생생하게 보여주는 것이다.

오늘날 베네수엘라의 현실은 바닥난 국고, 폭락한 화폐가치, 연평균 70%의 물가상승률, 턱없이 부족한 물자 등으로 설명된다. 이러한 현실은 국민들의 삶을 통째로 흔들어 놓고 있으며 국가 경제를 마비시키고 있다. 그런데 더 큰 문제는 당분간 국제유가는 상승할 기미를 보이지 않는다는 것이다. 수출의 96%를 원유에만 의지하고 있는 베네수엘라로서는 탈출구를 쉽게 찾을 수 없는 상황이다. 한때 베네수엘라 경제의 축복이었던 석유가 이제는 독이 되고 있는 셈이다.

호세 콘드리라
베네수엘라 국회의원

미국과 관계를 맺는 것이 유리하다면 미국과의 관계를 강화해야 합니다. 차기 정부는 무엇이 국민을 위한 것인지, 어떤 국가와의 협력이 국익에 부합하는지 신중히 검토해야 합니다.

셰일혁명의 직격탄을 맞은 러시아 경제

미국의 셰일혁명으로 직격탄을 맞은 것은 베네수엘라뿐이 아니다. 러시아 경제 역시 휘청거리고 있다. 거리 곳곳에선 국가가 주도하는 시설들의 공사가 멈춰 있는 것을 볼 수 있다. 기업들 역시 투자를 받지 못해 공장 가동을 멈추었다. 이는 노동 임금과 국민 수입의 피해로 이어진다. 어려워진 경제로 사람들은 지갑을 닫았고 사람들로 북적였던 시장은 한적해졌다.

계속 오르는 물가는 국민들의 체감 경기를 혹독하게 느끼게 한다. 방송국에서 편집감독으로 일하고 있는 밀라나 까랄로바는 한창 자라는 두 아이들을 위해 제대로 된 음식을 만들어줄 수도 없는 상황이다. 6개월 사이에 고기 가격이 배로 뛰었기 때문이다. 하지만 아직도 일을 할 수 있다는 것을 다행으로 여긴다. 그녀의 주변엔 하루아침에 해고된 사람들이 부지기수이다.

러시아는 그동안 풍부한 석유와 천연가스를 바탕으로 높은 경제 성장률을 이룩해왔다. 2000~2008년까지 8년 연속 연 평균 7%의 고속 성장을 이루기도 했다. 이에 골드만삭스는 2028년에는 러시아가 독일과 영국을 추월해 세계 5대 경제 강국으로 성장할 것이라는 전망을 내놓기도 했었다. 하지만 미국발 경제위기로 인해 러시아의 경제도 주춤거렸다. 국제유가의 급락, 해외 자본의 유출, 주식시장의

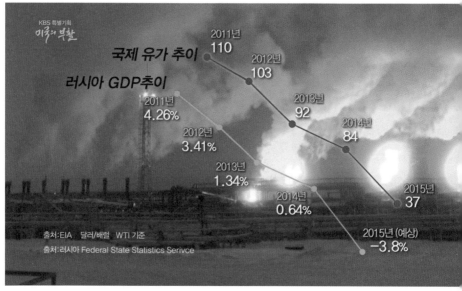

국제 유가 추이

러시아 GDP추이

2011년
110

2012년
103

2013년
92

2014년
84

2015년
37

2011년
4.26%

2012년
3.41%

2013년
1.34%

2014년
0.64%

2015년 (예상)
-3.8%

출처:EIA 달러/배럴 WTI 기준
출처:러시아 Federal State Statistics Serivce

▎러시아의 GDP는 국제유가 하락에 맞춰 꾸준히 떨어지고 있다.

붕괴, 루블화의 평가 절하 등으로 심각한 타격을 받게 된 것이다. 하지만 2010년에 이르러 안정세를 찾아나갔다. 그런데 미국의 셰일혁명으로 러시아가 다시 흔들리기 시작했다. 러시아는 국가 재정수입의 50%, 전체 수출의 70%를 석유와 가스 등 에너지 수출로부터 얻고 있는 자원 의존형 경제구조를 갖고 있기 때문이다.

러시아는 천연가스 매장량과 수출량이 세계 최대 규모이며 세계 8위의 석유 매장량을 보유하고 있다. 풍부한 자원은 러시아 경제가 그만큼 큰 잠재력을 갖고 있음을 뜻하기도 한다. 하지만 자원 의존형 경제구조로 인해 유가는 베네수엘라처럼 러시아 경제에도 큰 영향을 준다. 실제로 러시아는 유가 하락 직후 GDP는 4%, 투자는 6% 감소했다. 소비 지출 역시 9%의 하락세를 보이고 있다.

조지프 나이
하버드대학교 공공정책대학원 교수

러시아는 세계 유가의 하락으로 심각한 곤경을 겪고 있습니다. 러시아 수출의 3분의 2는 오일 및 가스에 바탕하고 있죠. 그리고 러시아는 경제의 다양화에 그다지 성공적이지 못했습니다. 이는 세계 에너지 가격이 절반으로 떨어졌을 때, 러시아에게 상당히 큰 충격을 주었다는 의미죠.

러시아 국가 정책도 심각한 문제에 직면했다. 사회주의 국가인 러시아에서는 정부가 대부분의 투자 계획에 자금을 조달하거나 관여하고 있는 상황이다. 그런데 유가 하락으로 2015년의 기대 예산 수입이 크게 감소했다. 이러한 상황에서 러시아 정부는 인프라 구축을 포함한 많은 계획들을 조정해야만 했다. 일단 지출을 축소하고 예산 임금을 동결했는데 여기에는 국민들에게 주는 연금도 포함되어 있다. 러시아 정부 입장에서는 가까운 시일 내에 발생할 적자에 대비해야 하기 때문에 지출을 줄인 것이지만 이로 인해 고통을 받는 것은 국민들이다. 국민들의 실질 수입이 줄어들었기 때문이다.

하지만 더 큰 문제는 기업이 고용을 감소시키면서 실직자들이 쏟아져 나온 것이다. 수입이 줄어들었거나 수입원을 잃게 된 사람들은 상대적으로 높아진 물가로 생활고에 시달리고 있다. 하지만 이런 상황은 당분간 나아질 기미가 보이지 않는다. 2016년 역시 마이너스 성장세를 보이고 있으며 현지 통화인 루블화 또한 약세를 이어가고 있다. 이런 가운데 러시아 푸틴 대통령은 '국민의 생활수준을 유지하기 위해 정부는 최선을 다할 것'이라는 약속을 하면서도 러시아에 닥친 현실이 미국 셰일 개발과 결코 무관하지 않다는 인식을 바탕으로 다음과 같이 그에 대한 우려를 표명했다.

"미국은 지난 수년간 셰일가스 생산기술을 적극적으로 발전시켜

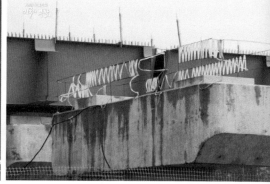

▌러시아 거리 곳곳에서 국가가 주도하는 시설들의 공사가 멈춰 있는 것을 볼 수 있다.

왔습니다. 야당 의원들은 이에 대한 우리 입장과 문제점이 무엇인지 묻고 있습니다. 셰일가스는 탄화수소 에너지 시장을 격변시킬 것입니다. 러시아의 에너지 업체들은 이런 도전에 단호히 맞서야 합니다."

러시아에서 철수하는 해외 기업들

2015년 3월 GM은 러시아 상트페테르부르크 소재 공장을 폐쇄하기로 했다. 한때 2,000명이 넘는 사람들이 일했던 공장이었다. 그런데 공장이 폐쇄됨으로써 수많은 노동자들은 하루아침에 직장을 잃고 뿔뿔이 흩어지게 되었다. 이로 인해 GM 공장에 납품을 해왔던 업체들도 타격을 입었다. GM의 철수는 이미 2014년 11월에 예측된 일이다. 게다가 이미 많은 다국적 기업이 러시아에서 철수했다. 대표적인 기업으로는 2013년 3월 공장을 폐쇄한 펩시가 있다. 펩시는 1974년 소련연방 시절 서방 국가의 브랜드로는 처음 러시아에 진출했던 기업이다. 그로부터 40년 동안이나 모스코바 인근 라멘스코예에서 공장을 운영해왔지만 2012년 한 해 동안 펩시의 매출은 10%나 줄어들었다. 펩시의 공장 철수로 400여 명의 직원은 일자리를 잃게 되었다. 코카콜라 역시 모스코바 북동부의 니즈니 노브고로드 공장의 문을 닫고 100여 명의 인원을 감축

▌ 러시아에 진출한 해외 기업들은 속속 철수를 결정하고 공장을 폐쇄했다.

했다. 이외에도 덴마크의 주류 회사 칼스버그, 프랑스의 유제품 생산 업체 다논 역시 러시아에서 철수했다. 이처럼 많은 기업들이 러시아 공장을 폐쇄하게 된 이유는 러시아 경제가 악화되었기 때문이다. 러 시아는 미국발 셰일혁명의 영향으로 원유 수출에서 큰 손실을 입었 다. 이는 루블화 약세로 이어져 인플레이션을 일으켰다. 다국적 기업 들은 원자재 수입 부담이 커지자 더 이상 공장을 운영할 수 없게 된 것이다.

나탈리아 아킨디노바
러시아 고등경제연구소 소장

러시아는 2013년 하반기의 유가 하락으로 타격을 받았습니다. 게다가 서방 국가들의 경제제재까지 겹치면서 최근 몇 년 간 내부적으로 어려운 상황입니다.

2014년 러시아에는 직접투자가 거의 일어나지 않았다. 투자자들이 러시아에서 투자하는 것을 멈추었기 때문이다. 투자자들이 러시아에 투자하는 것을 멈춘 이유는 두 가지가 있다. 하나는 러시아와 많은 다른 나라 간의 정치적인 관계가 악화되었기 때문이다. 다른 하나는 원유 가격 하락으로 러시아 시장의 규모가 축소되었고 그에 따라 수요가 줄어들어서다.

이러한 상황에서 러시아 정부는 2015년 기업의 활동을 규제하는 새로운 법률을 발효했다. 이 법률에 따르면 러시아 법에 종속되어 있는 러시아 법인만이 주체가 될 수 있다. 외국기업의 러시아 지사는 해당되지 않는다. 이미 러시아에 있는 외국계 기업들은 자사에 근무 중인 외국인 직원 수를 포함한 기업 정보를 재등록해야 하는데 그 비용도 만만치 않다. 만약 기한 내에 재등록을 하지 못하면 그 기업의 직원이 가진 노동비자는 효력을 잃는다. 러시아 주재 외국계 기업으로서는 여간 번거로운 일이 아니다. 게다가 이 법으로 인해 국내 신용 등급을 받지 못한 채무증권의 매수가 불가능해졌다. 이로 인해 러시아에 대한 외국 투자는 더 줄어들 가능성이 높아졌지만 러시아 정부는 러시아 소재 외국기업 본부와 지사 정부를 통일시켜 보다 편리하게 관리하기 위해서라는 입장이다.

많은 전문가들은 앞으로 원유 가격이 배럴당 100달러까지 올라갈 일은 없을 거라 예측한다. 셰일오일로 인해 러시아는 원유 수출에 큰 타격을 입었지만 셰일오일의 붐이 어느 정도 가라앉아도 원유 가격이 최고로 오르는 수준은 배럴당 70달러라는 것이다. 이 때문에 전문가들은 러시아가 석유 수출에 의존하는 구조에서 벗어나 경제의 다각화를 꾀할 필요가 있다고 말한다. 하지만 러시아 정부는 독재적인 측면이 강한 데다 혁신에 대한 요구를 받아들이고 있지 않은 상황이다.

현재 러시아는 외부 정치 상황이 불안정하며, 개별 부문에서 투자 경향이 매우 낮아 석유시장을 예측하기 어려운 상황이다. 또, 러시아 정부는 투자 감소에 대해 보상할 수 있는 자원이 없다. 이를테면, 생산품을 수출하거나 수입대체 산업화를 가져올 수 있는 가공부문에서 생산을 증가시킬 여력이 없는 것이다.

박희준
에너지 이노베이션 파트너스 대표이사

제작진 셰일오일 개발로 미국이 얻은 외부적 이득으론 어떤 것이 있을까요?

박희준 걸림돌이었던 러시아 푸틴 정부에 대한 견제를 들 수 있겠죠. 전체 수출의 70%를 원유에 의존하고 있는 러시아의 루블화 가치가 떨어지면서 경제적 어려움을 겪게 되었으니까요. 수출의 96%를 석유에 의존하고 있는 베네수엘라도 마찬가지고요. 특히 베네수엘라는 원유 가격 하락 후 통화가치 조정에 실패한 데다 별다른 충격완화 장치가 없어 그 어떤 나라보다도 큰 타격을 입었습니다. 그리고 현재 베네수엘라는 예산 부족으로 군인들에게 충분한 식량도 지급 못하고 있어요. 바로 이런 것들이 팍스 아메리카나를 원하는 미국이 바라는 일들이죠. 반미적 성향이 강한 국가가 어려움에 처하게 된 거니까요.

제작진 그렇다면 중국에 대해서는 어떤가요?

박희준 사실 미국이 셰일가스 혁명으로 가장 영향을 미치고 싶었던 나라는 중국이에요. 하지만 중국은 이에 맞설 수 있는 정책들을 많이 써서 미국의 바람처럼 크게 흔들리지 않았죠. 중국은 아프리카나 인접 국가들을 통해 에너지를 확실히 챙겨놓았거든요.

제작진 한국이 셰일혁명에서 얻을 수 있는 것은 없을까요?

리온 셰일혁명을 저는 기술혁명이라 하고 싶거든요. 기술혁명에서 한국 기업들은 많은 기회가 있었죠. 이를테면, 한국의 포스코는 파이프라인에서 최고의 수준을 자랑하고 있습니다. 포스코의 파이프를 썼다고 하면 미국 내에서도 알아줄 정도니까요. 그럼에도 불구하고 셰일가스에 들어가는 기술을 가지지 못해 캐나다 회사에 기회를 빼앗긴 사례도 있습니다. 이처럼 한국은 셰일오일 개발에 참여함으로써 얻을 수 있는 이익을 놓쳐버린 경우가 많아요. 한국 기업들이 셰일혁명에 대한 밸류 체인의 정확한 이해가 없기 때문이었죠. 또, 실제적으로 준비되지 않은 상태에서 투자가치만 보고 뛰어드는 오류를 범하기도 해요. 예를 들어 미국의 셰일가스 개발이 돈을 많이 번다는 정보만 갖고 뛰어드는 거죠. 그것도 전문가의 도움을 받지 않고 결정을 한다거나 경험이 없는 상태에서 말이죠. 현재 한국의 건설 기업, 화학 기업, 철강 기업들은 위기를 겪고 있어요. 하지만 이러한 기업들이 셰일혁명의 밸류 체인을 이해하고 거기에 들어가는 물건들을 만들어낸다면 아주 좋은 전환점이 될 수도 있겠죠.

13

셰일로 더욱 강력해진
미국의 패권

셰일혁명으로 이루어진 미국의 에너지 독립

1973년 10월 6일, 세계 경제를 바꿔놓는 중요한 사건이 일어났다. 이스라엘과 아랍 사이에 벌어진 제4차 중동전쟁(욤 키푸르 전쟁, 또는 라마다 전쟁)이다. 세 차례에 걸친 중동전쟁은 모두 이스라엘의 압승으로 끝났었다. 하지만 제4차 전쟁에서 이스라엘은 큰 피해를 입게 된다. 역전될 기미도 없이 상황이 점차 나빠지자 이스라엘 정부는 미국에 도움을 요청하고, 미국은 이스라엘을 도와 전력보강에 힘을 실어준다. 결국 이스라엘은 반격에 성공하게 되지만 정전을 요구하는 국제 여론과 미국과 소련의 중재로 인해 전쟁이 발발한 지 19일 만인 10월 25일에 전쟁은 막을 내렸다. 하지만 이는 세계 경제를 뒤흔들게 된 제1막 1장의 시작이었다. 서방 국가들이 이스라엘의 손을 들어준 것에 분개한 산유국들이 차례로 석유자원의 국유화를 발표한 것이다. 당시 다국적기업들은 중동의 많은 나라에서 헐값에 석유 채굴을 하고 있었던 상황이었는데, 중동 국가들이 석유자원을 국유화시키고 그들을 내몰아버렸다. 그 과정이

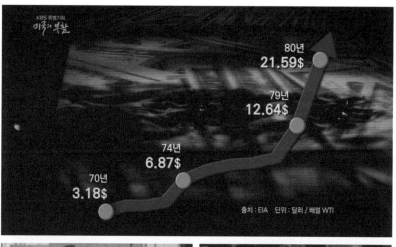

▌ 오일쇼크로 미국은 엄청난 경제적 타격을 입었고, 이후로도 에너지 자원으로부터 자유로울 수 없었다.

끝난 후 일제히 석유 수출을 금지하면서 원유 가격을 상승시켜버렸다. 이는 석유를 정치적 무기로 사용하겠다는 일종의 선언이었다. 그 후 1배럴당 2.9달러였던 원유 가격은 3개월 만에 11달러로 뛰었다.

그동안 미국을 비롯한 많은 국가들은 중동에서 석유를 구입해왔었다. 갑자기 4배 가까이 올라버린 원유 가격은 이들 국가에 엄청난 경제적 타격을 입혔다. 반면, 중동의 많은 국가들은 국유화된 석유자원을 높은 가격에 판 덕에 국가 재정을 높일 수 있게 되었다. 당시 한국은 중화학공업을 육성하던 초창기였기에 비교적 석유 의존도가 낮아 오일쇼크의 영향에서 어느 정도 자유로울 수 있었다. 게다가 직접 중

▌현재 미국 전역에서 셰일가스와 오일이 생산된다. 우리나라 면적에 맞먹는 거대한 에너지 밭들이 생겨나고 있다.

동권에 뛰어들어 이른바 '오일 달러'로 일컬어지는 외화 벌이에 나서 기까지 했다.

미국은 오일쇼크 이후로도 에너지 자원으로부터 자유로울 수 없었다. 그래서 늘 중동 정세에 신경을 쓸 수밖에 없었다. 이에 당시 리처드 닉슨 대통령 정부는 안보적, 경제적 비용을 줄이기 위해서는 에너지 자립이 필요하다고 판단했다. 중동이나 중남미처럼 정치적 위험이 높은 지역으로부터 석유를 계속 수입하는 것은 궁극적으로 에너지 안보에 악영향을 끼칠 수밖에 없기 때문이다.

하지만 에너지 자립을 위해 실행할 수 있는 일들이 딱히 많지는 않았다. 에너지 자립을 이루기 위해서는 미국 내 에너지 자원을 늘리는 한편 에너지 소비를 줄여야 하는데 그런 상황이 만들어지지 않았던 것이다. 정권이 바뀌어도 '에너지 자립'은 늘 미국이 가진 숙제였다. 그러던 차, 오바마 정부가 들어서면서 '에너지 자립'의 목표는 점차 가시화되기 시작했다. 셰일혁명으로까지 불리는 혁신적인 셰일 시추의 개발이 이루어졌기에 가능한 일이었다.

알리 라니시
휴스턴대학교 석유공학과 겸임교수

미국은 한때 석유 소비의 70% 이상을 수입에 의존했습니다. 셰일 개발 후 지금은 수입 비중이 절반 밑으로 떨어졌습니다. 이제 미국은 국내산 석유로 대부분의 수요를 채우고 있습니다.

이제 미국은 중동의 눈치를 볼 일이 없어졌다. 오히려 1975년부터 금지해온 원유 수출을 허용하면서 미국산 원유가 40년 만에 세계 시장으로 나오게 되었다. 이에 해외에서 수입해온 천연가스의 저장 시설이었던 루이지애나 주 사빈패스 터미널은 이제 미국에서 생산되는 천연가스를 해외로 수출하는 터미널로 역할이 바뀌었다. RBC 캐피탈 마켓에 따르면 미국이 원유를 수출함으로써 수혜를 입는 나라로 라틴 아메리카와 인도, 한국을 꼽고 있다. 유럽은 원유가 충분해 미국산 원유가 필요 없는 상황이다. 반면, 인도는 대부분의 원유를 중동에서 수입하고 있는데 이젠 선택의 폭이 넓어지면서 보다 저렴한 가격으로 원유를 구입할 수 있게 되었다. 이는 라틴 아메리카나 한국도 마찬가지다.

시장의 다각화라는 측면에서 시장으로 나온 미국산 원유는 많은 국가에 이익을 가져다줄 수 있다. 하지만 원유 수출로 그 어떤 나라보다 혜택을 보고 있는 것은 당연하게도 미국이다. 원유 최대 수입국에서 원유 수출국으로 탈바꿈하면서 미국은 세계 경제에 지대한 영향을 미치는 패권 국가의 자리를 지킬 수 있게 되었다.

해외에서 수입해온 천연가스의 저장 시설이던 사빈패스 터미널이 지금은 미국에서 생산되는 천연가스를 해외로 수출하는 터미널로 사용된다.

조지프 나이
하버드대학교 공공정책대학원 교수

미국은 중동의 석유자원에 대한 의존도가 낮아졌습니다. 파리에 있는 한 국제 에너지 기구는 북미 전체적으로 2020년부터 에너지 수입을 하지 않을 것이라는 예측을 내놓았죠. 이는 미국이 중동 산유국의 세력 확장을 걱정하지 않아도 된다는 걸 뜻합니다.

경제교류를 시작한 쿠바

쿠바는 최후의 공산주의 국가라는 설명이 붙을 정도로 공산국가의 구조를 가장 잘 보존하고 있는 카리브 해의 섬나라다. 면적은 한국과 비슷하지만 인구는 한국의 5분의 1에 불과한 1,104만 명이다. 국내 총생산량은 약 1,210억 달러로 세계 56위를 차지하고 있다. 하지만 이 작은 나라는 2015년까지 세계에서 가장 강한 나라인 미국과 척을 져왔다. 특히 미국의 강력한 경제제재는 쿠바의 경제 발전을 가로막는 데 일조했다.

▌ 공산주의 국가인 쿠바는 지난 54년 동안 미국에 문을 걸어 잠그며 지냈다.

미국은 1992년 '쿠바 민주화법'을 제정했다. 이는 국내 외 모든 미국계 기업이 쿠바와는 거래할 수 없도록 만든 것이다. 미국이 이처럼 강력한 경제제재를 펼친 것은 쿠바의 경제정책을 미국에 대한 도전으로 받아들였기 때문이다. 1959년까지만 해도 쿠바는 독재자 풀헨시오 바티스타 치하에 있었다. 그는 1940년 처음 대통령에 당선되었을 때만 해도 쿠바의 경제성장을 꾀했고 교육 제도를 확대했다. 하지만 8년 후 다시 정권을 잡은 후엔 대학과 언론을 통제하고 비밀경찰을 운영해 국민들을 감시했다. 심지어 마피아 등과 손을 잡고 막대한 돈을 착복했다. 그럼에도 그가 오랫동안 쿠바의 지도자 자리에 있을 수 있었던 것은 미국의 지지가 있었기 때문이다. 그런데 1959년 피델 카스트로와 체 게바라가 쿠바의 독재자 바티스타를 제거하고 새로운 정부를 세운 것이다.

혁명 당시, 쿠바는 미국의 다국적 기업과 손잡은 일부 자본가들이 모든 경제자원을 독점하던 상황이었다. 빈부격차가 극심했으며 대부분의 쿠바 국민들은 초라한 집에서 빈민으로 살아가고 있었다. 이로 인해 혁명 정부는 단호한 조치를 내리게 된다. 1인당 주택 하나만을 소유할 수 있게 만들었고, 남은 주택은 정부가 몰수해 집 없는 이들에게 나누어준 것이다. 모든 국민이 1가구 1주택이 될 수 있도록 내린 조치였다. 외국재단과 대지주가 소유한 토지도 국유화시켰으며 그 누구도 법으로 규제한 토지 이상을 소유하지 못하도록 했다. 이러한 조치는 미국의 심기를 몹시 불편하게 만들었다. 당시 미국은 쿠바에 엄청난 부동산 자산을 갖고 있었기 때문이다. 결국 미국은 쿠바에 대한 경제봉쇄정책을 입법화하기에 이른 것이다. 심지어 부시 정부 때에는 쿠바 출신 이민자들이 본국에 송금하는 것도 차단했을 정로로 쿠바에 대한 경제 압박은 강도가 높았다.

이후로 쿠바는 거의 자급자족의 경제구조로 나아가게 되었다. 하지만 쿠바가 이처럼 미국의 압박을 견뎌낼 수 있었던 데에는 지난 10년간 받은 베네수엘라의 원조가 한몫했다. 베네수엘라는 하루 10만 배럴(연간 32억 달러)의 원유를 원조해왔다. 이는 쿠바 소비량의 3분의 2에 해당되는 것이다. 냉전 시절 소련으로부터 받은 원조보다도 훨씬 큰 규모다. 대신 쿠바는 의사 등의 전문 인력을 지원하는 것으로 베네수엘라와 긴밀한 연결 관계를 갖고 있었다. 그런데 베네수엘라의 경제파탄은 더 이상 쿠바에 대한 지원을 할 수 없게 만들었다. 유가 하락으로 쿠바에 대한 베네수엘라의 영향력이 그만큼 사라져버린 것이다.

이러한 상황에서 미국이 쿠바에게 손을 내밀자 양국간의 관계회복은 순차적으로 진행되었다. 2009년에 오바마 정부는 쿠바 여행 및 송금 제한을 완화했다. 그로부터 4년이 지난 2013년엔 쿠바의 자동차 시장이 개방되었다. 마침내 2015년 7월, 오바마는 "오늘 미국은 미국과 쿠바는 물론, 세계의 더 나은 미래를 위해 과거 불의의 관계

┃ 베네수엘라의 경제가 흔들리자 미국과의 교류가 절실해진 쿠바는 2015년 미국과 국교를 정
  상화했다.

를 청산하기로 결정했습니다"라고 말하며 양국의 국교정상화를 선
언했다.

　1961년 미국과 쿠바의 외교가 단절된 이후 무려 54년 만에 이뤄
진 일이다. 미국은 중남미에서의 입지를 다지기 위한 전략적 파트너
로 다시 쿠바와의 국교를 회복하려는 목적을 갖고 있다. 반면, 쿠바
는 셰일혁명으로 인해 베네수엘라의 경제가 흔들리자 미국과의 경
제 교류가 절실해졌기에 피할 수 없는 선택을 한 것이다.

13년 만에 타결된 이란과의 핵협상

2002년 이란의 반정부 단체인 '국민저항위원회'는 미국 워싱턴에서 기자회견을 하게 된다. 이란의 중부 나탄즈의 지하시설에서 이란 정부가 비밀리에 우라늄 농축 연구 개발을 진행 중임을 폭로하고 국제원자력기구가 사찰에 나서줄 것을 요구하기 위해서였다. 하지만 당시 대통령이었던 모하마드 하타미는 나탄즈 시설의 존재는 인정했지만 저농축의 우라늄만을 생산한다고 주장했다. 2003년엔 영국, 독일, 프랑스가 나서서 이란의 우라늄 농축 중단을 촉구했고 이란은 그에 협조하겠다는 선언을 했다. 하지만 2005년 이란은 '평화적 목적'의 우라늄 농축을 재개함으로써 핵 확산 방지 조약을 위반했다. 그리고 1년이 지난 후 이란은 저농축 우라늄 추출에 성공했다고 밝혔다. 그 결과 유엔안전보장이사회는 2006년부터 2010년까지 4차에 걸쳐 이란 제재 결의안을 채택했다.

1차 제재 결의안에서는 금융자산 동결, 경제제재 조치 단행, 2차 제재 결의안에서는 이란 핵 활동 및 미사일 관련된 품목을 금수 조치하고 관련 기관 및 개인의 자산 동결, 3차 제재 결의안에서는 금수 조치된 품목을 싣고 있는 것으로 의심되는 항공, 해상 화물에 대한 검색 허용과 이란 은행과의 거래에 주의를 촉구했다. 그리고 2010년 4차 제재 결의안에서는 이란의 에너지 및 은행 부문 제재를 강화했

▌유가 하락으로 경제난을 겪게 된 이란은 핵협상 타결을 발표했다.

으며 석유와 가스산업 투자를 막고 석유정제와 천연가스 생산력을 억제하는 조치를 취했다. 이란 경제에 실질적인 타격을 가해 이란을 압박하기 위해서였다. 이로 인해 이란은 지난 13년 동안 세계로부터 고립되기에 이른다.

이란은 원유 매장량 세계 순위 4위를 기록할 정도로 많은 석유를 보유하고 있었지만 경제제재로 고립된 후 이란의 석유는 시장에 나오지 못했다. 물론 제재에도 불구하고 이란으로부터 석유를 구입한 나라들도 있었다. 하지만 세계 석유시장에 영향을 끼칠 만큼은 아니었다. 그런데 이젠 이란의 석유가 시장으로 나올 가능성이 생겼다. 13년 만에 이란 핵협상이 타결되었기 때문이다.

2015년 7월 14일 이란과 주요 6개국(미국, 영국, 프랑스, 중국, 러시아, 독일)은 핵협상 타결을 공식적으로 발표했다. 비록 핵협상에 주요 6개국이 참여했지만 이를 주도한 것은 미국이었다. 미국은 셰일혁명으로 인한 유가 하락으로 경제난에 허덕이게 된 이란을 협상 테이블로 나오게 만들었다. 이날 협상의 쟁점은 이란의 군사시설을 비롯해 핵무기 개발이 의심되는 모든 시설에 국제원자력기구(IAEA)의 사찰단이 접근할 수 있도록 하는 것이었다. 이란은 더 이상 농축 우라늄을 축적하지 않는다는 조건으로 앞으로 10년 동안 신형 원심분리기를 포함해 농축 연구와 개발을 계속할 수 있게 되었다.

협상이 발표된 후, 이란 대통령 하산 로하니는 "불필요한 위기를 해소하고 새로운 지평이 열릴 것"이라고 밝히며 "우리는 균형 있게 행동할 것입니다. 상대방이 약속을 지키면 이란도 그럴 것이고, 만약 그들이 협상과 다른 길을 간다면 이란도 다른 선택을 할 수 있습니다"고 덧붙였다.

지난 13년간의 경제제재로 이란은 자원 부국임에도 불구하고 경제를 성장시키는 데 많은 어려움을 겪었다. 이란이 협상 테이블까지 간 것은 핵보다도 경제적 위기를 해결하는 것이 더 중요한 문제가 되었기 때문이다.

OPEC과 미국 간에 벌이는 치킨 게임

2016년 국제유가는 최저 배럴당

25달러대까지 하락했다. 2014년만 해도 배럴당 110달러였던 것을 감안하면 국제유가는 몹시 빠른 수준으로 낮아지고 있는 것이다. 국제유가 하락의 원인은 '공급 과잉'이다. 수요에 비해 공급이 더 많아지면 필연적으로 가격은 내려갈 수밖에 없다. 공급이 많아진 이유로는 두 가지가 있다. 하나는 셰일오일 개발로 미국의 석유 의존도가 낮아졌다는 것이다. 석유가 이전과 다르지 않은 양으로 생산되고 있지만 최대 석유 수입 국가였던 미국은 자체 공급으로 VIP고객의 자리를 벗어났다. 또, 주요 수입국 중 하나였던 중국이 경기 둔화로 석유

■ 원유 최대 수입국이던 미국이 셰일오일을 생산하면서부터 국제유가는 크게 하락하기 시작했다.

수입을 줄여 석유 수요가 낮아졌다. 다른 하나는 그럼에도 불구하고 주요 산유국들이 석유 생산을 줄이지 않고 있다는 것이 공급 과잉 상태를 초래하고 있다.

공급 과잉으로 인한 유가 하락을 막기 위해서는 산유국들이 생산량을 줄이면 된다. 하지만 2014년 석유수출국기구 OPEC에서는 원유 감산 합의에서 원유 생산량을 줄이지 않고 기존 수준을 유지하기로 결정했다. OPEC 사무총장인 압둘라 바드리는 "유가가 떨어진다고 해서 우리가 서둘러 뭘 해야 하는 것은 아닙니다. 원유 생산량은 현재 수준이 될 것입니다"라며 당분간은 석유 생산량을 줄일 의지가 없음을 밝혔다. 그리고 "구체적인 생산량은 아직 결정되지 않았습니다. 구체적인 사항은 상황이 좀 더 분명해질 때까지 결정을 연기하기로 했습니다"라고 말했지만 2015년 다시 열린 OPEC 감산 합의에서도 여전히 같은 결과가 나왔다. 생산량을 줄이면 그만큼 수입이 줄어든다. 또, 시장 점유율을 유지하기 위해서라도 주요 산유국들은 기존의 생산량을 줄일 생각이 없는 것이다.

미국도 OPEC도 석유 감산을 하지 않는 치킨게임으로 국제유가는 30달러 아래로 떨어지기도 했다. 2016년 7월 기준으로 유가는 배럴당 45달러까지 회복됐다. 주요 산유국과 미국은 둘 다에게 불리한 상황임에도 불구하고 어느 한쪽에서도 양보할 의지가 없어 보인다.

유가 하락은 석유를 생산하는 주요 국가들의 피해로 이어진다. 한 예로 사우디아라비아는 하루 1,000만 배럴의 석유를 생산하지만 그보다 적은 양을 생산했을 때보다도 이익을 남기지 못하고 있다. 그리고 경제적으로 가장 큰 피해를 보는 국가는 러시아나 베네수엘라처럼 국가 경제가 석유가스 생산에 크게 의존하는 나라다.

미국 또한 유가 하락에서 자유롭지 못하다. 채굴 비용이 높은 셰일오일과 가스는 유가에 의존적이기 때문이다. 실제로 미국의 셰일 발굴은 상당히 저하되었다. 중고 시장에는 갈 곳을 잃은 시추기가 빠른 속도로 나오고 있다. 2014년 6월에 1,931개에 달하던 시추기 숫자가

석유수출국기구(OPEC) 회의 / 2015년 12월 4일

▌셰일오일로 인해 원유 공급 과잉과 유가 하락의 문제가 심각해졌지만 OPEC은 석유 감산 협의에 실패했다.

2015년 7월에는 875개로 55%나 감소한 것으로 나타났다. 미국의 시추기 수는 셰일오일과 가스의 생산량을 추정할 수 있는 기초자료이기에 일선에선 "국제 원유 값의 향방을 알려면 미국 셰일 시추기의 숫자를 보라"는 말이 나올 정도다.

사우디아라비아의 알리 나이미 석유장관은 "석유 값이 배럴당 20달러가 된다 해도 OPEC은 상관없다"며 석유 생산 감축 가능성을 일축했었다. 국제유가를 떨어뜨려 당장 이윤을 남기는 것에는 어려움이 따르더라도 셰일오일의 경제성을 무너뜨려 미국이 생산을 줄이게 만들 의도를 갖고 있는 것이다. 그리고 이 의도는 어느 정도 실행된 것으로 보인다. 미국의 셰일가스 생산업체들 대부분은 지속되는 낮은 유가로 채무에 대한 이자를 지불하지 못해 수익의 상당 부분을 이자 비용으로 지불하고 있는 형편이기에 어려움을 겪고 있는 기업들이 상당히 많다. 철강 산업의 원유 유정 및 수송용 강관 등 에너지 관련 업종도 직격탄을 맞았다. 이 때문에 대부분의 기업들은 새로운 프로젝트를 피하고 발굴 비용을 줄이는 쪽으로 나아가고 있다. 일단 국제유가의 등락을 살피며 움츠리고 있는 것이다. 어떤 관계자들은 자금만 충분하다면 지금이 오히려 기회라고 말하기도 한다. 한 셰일가스 컨퍼런스에서 잭 웰치 전 GE 회장은 이렇게 말했다.

"미국은 현재의 유가 때문에 세계 시장에서 무력화되어서는 안 됩니다. 국제적으로 생각하고, 세계적인 기회라고 생각해야 합니다. 낮은 가격은 결코 우리를 무력화시킬 수 없어요. 오늘 이룬 혁신은 미래를 변화시킬 수 있습니다. 새롭게 산업화될 미국의 그림을 그려야 한다는 엄청난 도전에 직면해 있습니다."

유가가 하락했다고 해서 미국 셰일업계의 미래가 어두운 것만은 아니다. 실제로 미국 셰일업계의 시추기 수는 1년 사이 반으로 줄었지만, 생산량은 오히려 늘어났다. 이는 셰일업계가 지금의 저유가 상황을 잘 견뎌내고 있다는 의미다. 수요에 비해 넘쳐나는 공급이 결국 경쟁력 있는 기업만을 살아남게 할 것이다. 살아남은 기업들은 더욱 간소하며 신속하고 효율적인 파쇄법을 내놓으려는 노력을 하고 있다. 그러한 노력의 결과로 새로운 기술이 나오면 비용을 낮추고 생산량을 늘리는 효과를 갖게 될 것이다. 이 때문에 전문가들은 셰일 산업이 자본 집중, 기술진보, 업계 통폐합 등을 통해 더 강력해질 것이라 내다본다.

▌유가 하락으로 시장이 침체되면서 경매에 나온 시추 장비.

시추기 숫자는 감소

2014.6월
1931개

2015.7월
875개

출처: Peter Maffit "Oil&Gas Count" July 26, 2015

생산량은 증가

4225

38407

2015.3월

2014.3월

오일 가스

5583

45940

오일 가스

단위: 오일-천배럴/1일
가스-백만큐피트/1일

▌미국 셰일업계의 시추기 수는 1년 사이 반으로 줄었지만, 생산량은 오히려 늘어났다.

또, 미국이 에너지 최대 소비국이라는 것도 셰일업계의 미래를 낙관할 수 있는 이유 중 하나다. 미국은 국내 시장만으로도 셰일오일의 경쟁력을 높일 수 있다. 전통적인 석유의 생산량은 한정되어 있어 언젠가는 고갈될 수 있다는 것도 셰일업계의 미래를 낙관하게 한다. 어차피 세계는 에너지를 필요로 하며 에너지 없인 어떤 생산 활동도 할 수 없는 구조로 되어 있다. 이 때문에 미래엔 셰일 채굴 기술력의 유무가 에너지 전쟁의 중요한 열쇠가 될 것이다.

조지프 나이
하버드대학교 공공정책대학원 교수

10년 전만 해도 미국인들은 에너지 수입에 갈수록 의존했습니다. 이는 크나큰 취약점으로 여겨졌죠. 그러나 고압 시추와 수압파쇄, 수평 시추법 등의 개발은 셰일혁명을 이끌었어요. 저는 미국이 금세기 중반까지 계속 가장 강력한 국가로 남으리라고 생각합니다.

셰일혁명이 한국 경제에 미치는 영향은 무엇인가

미국의 셰일혁명은 미국을 최대 산유국으로 부상시켰으며 위기에 처한 경제에 호흡기를 달아줘 또 다시 세계 1위 경제대국의 자리를 지킬 수 있는 환경을 조성했다. 또, 세계 에너지 시장에 큰 변동을 일으켜 많은 나라들을 휘청거리게 하거나 오히려 도약의 기회로 삼게 만들었다.

한국 역시 셰일혁명의 영향권에서 벗어날 수 없다. 한국은 1인당 18배럴의 석유를 소비하는 세계 5위의 에너지 다소비 국가(2015년 기준)다. 한 방울의 석유도 나지 않지만 꽤 많은 양의 석유를 소비하고 있다. 때문에 셰일혁명으로 인한 저유가 시대의 도래는 석유를 전량 수입해 쓰는 한국에 장점으로 작용하는 것처럼 보이기도 한다. 저렴한 에너지 비용은 연관된 많은 산업들의 원가를 절감시켜 생산 증대나 판매가격 인하로 이어질 수도 있기 때문이다. 하지만 이 같은 장점만 있는 것은 아니다.

이권형
대외경제정책연구원 연구위원, 아중동팀 팀장

유가 하락은 소비자 물가 안정이나 제조업체들의 생산비 절감 같은 긍정적인 효과를 볼 수 있습니다. 하지만 우리나라 입장에서는 중동과의 경제 협력 관계를 고려하지 않을 수 없어요. 유가 하락으로 중동국가들의 재정수입이 하락하면 구매력이 낮아질 것이고, 그만큼 수출 시장이 위축될 수 있습니다. 또, 중동이 우리나라 해외 건설시장의 절반이나 차지해왔기 때문에 해외 건설 수익이 현격히 떨어지는 결과를 낳을 수도 있습니다.

한국은 원유를 전량 수입하는 국가지만 수입한 원유의 54%를 정제하여 재수출하는 석유 수출 국가이기도 하다. 이처럼 한국이 원유를 수출할 수 있는 이유는 첨단 정제 기술을 갖고 있어서다. 특히 공장이나 선박 등에 사용되는 저렴한 기름을 정제해 휘발유나 경유 같은 제품을 재생산해내는 기술은 뛰어나다. 이와 같은 이유로 한국 역시 석유를 재수출하는 국가로서 가격경쟁에서 자유로울 수 없다. 더군다나 북미 기업들이 저렴한 에너지 가격에 힘입어 석유화학 분야를 증설함으로서 한국의 석유화학 분야의 경쟁은 더 치열해졌으며 가격경쟁에서도 밀리고 있는 실정이다. 또, 중국에 이어 두 번째로 큰 수출대상국인 미국의 제조업의 발전은 한국의 제조업 산업에 큰 위협이 될 수도 있다.

하지만 셰일혁명 자체는 한국에게 긍정적 에너지로 작용될 수 있는 여지가 많다. 이미 한국의 많은 기업들은 건설이나 화학, 조선업 쪽에서 상당한 기술력을 보유하고 있기 때문이다.

박희준
에너지 이노베이션 파트너스 대표이사

우리나라 화학 기업의 기술력은 상당히 높은 편입니다. 미국 기업 들이 가지지 못한 기술을 갖고 있는 기업도 많이 있고요. 조선업 쪽 기업들은 프로판 가스나 그와 관련된 기술들이 최고이기도 하죠. 이러한 기술력을 갖고 있으니 꼭 미국 셰일가스 산업에 진출하는 것이 아니어도 활용할 수 있는 기회는 많아요. 이를테면, 북미 지역 으로 진출한 캐나다와 합작해 그곳에서 화학 공장을 짓고 저렴한 천연가스를 활용해 화학제품을 생산해서 다시 미국에 파는 일도 가 능해요.

현재 셰일가스 개발 기술은 미국이 앞서가고 있지만 셰일가스 기 술력에서 중요한 건설 기술을 보유한 나라들은 미국과의 기술 격차 를 줄여나갈 가능성이 크다. 한국 역시 그러한 나라 중 하나다. 기술 력에 있어서 한국은 충분한 경쟁력을 갖고 있다. 하지만 셰일가스 기 술에 대한 정확한 이해가 아직 부족한 데다 관련된 각종 서비스산업 의 개발이 미흡하다는 문제가 남아 있다.

박희준
에너지 이노베이션 파트너스 대표이사

한국의 대기업들이 미국의 천연가스 발전소 건설사업에 들어갈 기회들이 생기거든요. 그런데 그냥 들어가긴 힘들어요. 국내 연기금과 연합작전이 필요하죠. 건설사들은 발주를 따오고 그 다음엔 중소기업들이 파이프라인 같은 물건을 만들어 팔 수 있겠죠.

일본 기업들은 미국의 철강회사들에 고부가가치 상품을 팔고 있다. 그에 대한 유통망도 일본회사들이 다 확보한 상황이다. 일본 기업들이 이 같은 성과를 낼 수 있는 배경에는 정부와의 라인업이 잘 구축되어 있기 때문이다. 가치 사슬을 만들어 정부와 모든 민간 기업들, 중소기업들이 미국에 진출하는 동반성장 전략을 취했는데 이 전략이 미국 기업들에게 통하고 있는 것이다.

한국 역시 정부와 기업들이 라인업을 이룬다면 미국의 셰일 시장에서 고부가가치 산업을 펼쳐갈 수도 있다. 과거에는 단지 에너지를 수입하는 데 그쳤지만 지금은 수입에 대한 반대급부로 국내 기업의 해외 진출이 가능해졌다. 이는 한국에 아주 중요한 기회가 될 수 있을 것이다.

조지프 나이
하버드대학교 공공정책대학원 교수

제작진 미국은 지난 100여 년간 세계를 지배해온 나라입니다. 미국의 주된 힘은 무엇이라 보십니까?

조지프 나이 미국은 세 가지 유형의 힘을 갖고 있습니다. 군사, 경제, 소프트 파워죠. 이 세 가지 힘은 탄탄한 기본기라고 보시면 됩니다. 미국의 경제를 지탱하고 있는 기본 바탕은 오랜 시간의 노력 끝에 이루어낼 수 있었던 거니까요. 그리고 이러한 힘에 더해 여러 가지 요소가 작용한 거죠. 여러 가지 요소 중에는 이민자들로부터 제공되는 충분한 노동력이 있습니다. 또, 에너지 비용의 하락도 있겠죠. 10년 전 사람들은 미국의 에너지 수입 의존도를 걱정했습니다. 하지만 지금 미국은 세계에서 가장 큰 오일 및 가스 생산국 중 한 곳이 되었죠. 미국의 양적 완화 정책이 경기회복에 많은 도움이 되었습니다. 발전된 기술 분야도 미국의 큰 힘이 되었어요. 바이오 기술, 나노 기술, 차세대 정보 기술 등은 세계에서 가장 앞서 있죠. 마지막으로 새로운 아이디어와 기수들을 제공하는 미국 대학의 역할도 컸습니다.

제작진 미국의 에너지 자원이 함축하는 지정학적 의미는 무엇입니까?

조지프 나이 사실 미국은 중동에 에너지 자원을 의존하지 않습니다. 이는 미국이 중동 에너지 영역은 걱정하지 않아도 된다는 뜻이죠. 다른 한편으로 미국은 중동에 다른 관심을 갖고 있습니다. 이란과의 핵무기 확산 문제라든지, 난민 문제, 시리아 내전 등과 같은 문제죠. 이 모든 사안들은 미국이 중동으로부터 오일 및 가스의 수입에 의존하고 있지 않더라도, 그 지역에 계속 관여하게 될 것임을 시사합니다.

제작진 교수님께선 앞으로 미국의 패권에 대항할 수 있는 경쟁 국가가 어디라고 보십니까?

조지프 나이 저는 미국의 유일한 경쟁자를 중국이라 여기고 있습니다. 유럽은 미국과 경제적인 규모가 비슷하지만 단일화되어 있지 않습니다. 무역에 일부 문제들이 있어요. 예를 들어 독립 단체들로서 서로 함께 했을 때의 문제죠. 단일 국가 경제를 본다면 주요 경쟁자는 중국일 수밖에 없는 거죠. 그렇다고 지금의 중국 경제가 미국과 동등한 수준까지 이루어진 건 아닙니다. 중국의 경제규모는 11조 달러에 이릅니다. 하지만 미국의 경제규모는 18조 달러에 이르죠. 미국의 1인당 GDP는 중국의 약 7배입니다. 게다가 중국은 점점 에너지 수입에 의존하고 있습니다. 특히 중동으로부터의 수입에 의존하고 있는데, 그 지역은 상당히 불안정한 곳이죠. 이 때문에 중국에는 미국이 직면한 것보다 더 큰 특정한 위험부담이 있습니다.

제작진 앞으로도 미국이 가장 강력한 경제국의 자리를 지킬 것이라는 의미인가요?

조지프 나이 저는 미국이 금세기 중간까지 가장 강한 경제국으로 남으리라 생각합니다. 경제규모로만 보면 어느 시점에서는 중국의 경제성장률에 따라 역전될 수도 있겠죠. 그러나 2040년 정도에 중국이 미국보다 더 큰 경제규모를 가지게 된다 해도 중국의 경제력이 규모에 비해 고도의 기술을 요하는 수준 높은 경제가 되진 않을 겁니다. 1인당 GDP는 높은 경제 수준을 측정하는 보다 나은 관점이죠. 2040년이나 2050년 무렵이면 중국의 경제규모는 미국보다 클 테지만, 미국보다 풍요로운 경제가 되진 않을 거라고 봅니다.

제작진 21세기에도 미국이 계속해서 지배력을 갖고 간다면 20세기에 우리가 봐왔던 모습과 같은 겁니까? 아니면 보다 강력한 지배 세력이 되리라고 보십니까?

조지프 나이 더욱 강력한 지배가 되리라고는 생각하지 않습니다. 제가 '나머지 국가들의 부상(Rise of the rests)'이라 부르는 것 때문이죠. 중국, 인도, 브라질, 인도네시아 등 자국의 역할을 늘려나가는 국가들이 있습니다. 이는 세계정세에서 제 역할을 하는 국가들이 더 많이 있다는 뜻이죠. 이것은 미국이 리드하기를 보다 더 어렵게 만들 겁니다. 이 때문에 미국은 앞으로 더 많은 나라들과 힘을 공유하는 걸 배워야 할 겁니다.

《미국의 부활》을 출간하며

팍스 아메리카나의 귀환

〈미국의 부활〉이라는 프로그램을 처음 기획하게 된 건 작년 6월이다. 지금도 그렇지만 당시에도 미국 연준이 금리인상을 언제 하는지가 초미의 관심사였다. 2008년 금융위기 이후 미국 연준은 허약해진 경제 시스템을 되살리기 위해 제로 금리와 양적 완화라는 비정상적인 통화수단까지 동원하면서 천문학적인 돈을 쏟아 부었다. 이랬던 미국이 금리인상을 하겠다는 건 그만큼 경제의 회복을 자신한다는 의미였다. 한때 8,000 포인트 선까지 추락했던 다우지수는 곱절 이상 올랐고, 부동산 시장도 회복됐으며 재정적자 폭까지 줄어들었다. 누가 보더라도 미국 경제는 완전히 살아나는 모습이었다.

미국이 기침하면 한국은 독감에 걸린다는 농담이 있다. 그만큼 수출에 의존하는 한국 경제는 미국의 영향을 강하게 받을 수밖에 없다.

'미국 경제가 살아난다면 한국 경제는 좋아지는 것인가?'

'휘청거렸던 미국 경제가 살아나는 이유는 무엇이며 팍스 아메리카나는 언제까지 지속될 것인가?'

'한국은 어떻게 대처해야 하는가?'

이러한 의문을 풀기 위해 〈미국의 부활〉이라는 3부작 프로그램을 기획하게 되었다. 그 후 두 달간의 사전 취재와 스터디를 하면서 프로그램의 스토리 라인을 만들어 나갔다.

제작진은 미국 경제가 부활하는 이유를 3가지 프레임으로 분석하기로 했다. 금융서비스 산업을 우선시하며 위기에 빠졌던 미국이 굴뚝산업인 제조업을 다시 부흥시키고 있는 이야기, 세계 최대 에너지 수입국이었던 미국이 셰일가스와 오일을 개발하면서 에너지 독립을 이루고 저렴한 에너지를 바탕으로 전 산업분야에서 경쟁력을 갖춰가는 이야기, ICT(정보통신기술)와의 융합을 바탕으로 로봇, 인공지능, 전기자동차 등 첨단산업을 개척해 나가는 이야기 등 총 3부작의 소재와 주된 스토리가 정해졌다.

사전 취재를 마치고 작년 8월, 미국행 비행기에 몸을 실었다. 미국 현지 취재를 하면서 느꼈던 점은 우선 국토의 광활함과 엄청난 규모감이다. 몇 시간을 달려도 끝이 안 보이는 평야지대, 한 가지 작물이 심어진 곡창지대가 끝없이 이어지는가 하면 또 어마어마한 사막이 눈앞에 펼쳐졌다. 남한 면적의 100배에 이르는 미국의 광활한 영토는 그 자체만으로도 그 나라를 강대국으로 만드는 요인으로 느껴졌다.

인적자원 또한 무시하지 못할 강점이다. 세계 선진국 중에서 생산가능인구가 가장 많이 늘고 있는 나라가 미국이다. 전 세계에서 온 젊은이들이 미국에서 공부하기 위해 유학생으로 살고 있고, 학위를 딴 이후에도 미국 기업에 취업해 영주권을 얻기 위해 노력하고 있다. 구글, 애플, 마이크로소프트 등 세계적인 미국 기업에 취직하기 위해 각국의 유능한 인력이 미국으로 모여든다. 멕시코 국경을 통해 넘어온 중남미의 히스패닉계 사람들은 미국의 3D 업종을 채워준다. 저출산·고령화로 인한 노동인구의 감소로 앞날이 불안한 한국과는 대비되는 모습이다.

영토와 인적자원 말고도 미국은 눈에 보이지 않는 경쟁력도 많이 갖추고 있다. 취재하면서 미국 기업에서 만난 사람들은 자기 직업에 대해 무한한 애착을 가지고 있었다. 사무직뿐만 아니라 단순 노무직에 종사하는 사람들도 자신의 일에 대해 굉장한 자부심을 가지고 있고 전문성을 갖추고 있는 모습이 인상적이었다. 이런 점은 중남미나 동남아 등 저개발 국가들을 취재할 때와는 확실히 다른 모습이었다.

사실 미국 노동자들의 높은 생산성은 확실하고 투명한 보상체계가 마련되어 있어서 가능한 일이다. 정치권 등 상층부가 부패하지 않고 사회적으로는 공정한 경쟁 시스템이 작동하고 있기에 미국의 노동력에 경쟁력이 생기는 것이다. 2008년 금융위기 이후 거품이 붕괴되는 과정을 겪으면서 미국 사회는 전체적으로 노동을 중시하고 열심히 일을 하는 분위기로 바뀌게 되었다. 금융 버블로 인한 허울뿐인 성장보다는 땀으로 만든 노력이 진짜 경제성장을 이끈다는 사실을 몸소 깨우친 것이다.

스티브 잡스로 상징되는 기업가들의 도전정신도 본받을 만하다. 미국의 젊은이들은 당장은 돈이 되지 않지만 미래를 내다보고 남들이 안 하는 분야, 사람들의 생활을 획기적으로 바꿔놓을 수 있는 분야에 과감히 도전장을 내민다. 겉으로 드러나는 학력이나 스펙 쌓기에 관심이 많은 한국과는 확연히 다른 문화다. 자기가 좋아하는 분야가 있으면 어릴 때부터 그쪽으로 과감히 뛰어든다. 오늘날 세계를 선도하는 미국의 기업들 중에는 처음에 조그만 차고에서 시작한 기업이 많다. 이런 사람들에게 자금을 지원해주는 시스템도 잘 갖춰져 있다. 실리콘밸리의 벤처 사업가를 위한 자금지원 시스템이 그것이다. 실패해도 다시 일어설 수 있게 지원해주는 후원가도 많다. 이런 바탕이 있기에 미국에서 구글과 애플 같은 혁신적인 기업들도 나오고, 인공지능과 로봇 같은 첨단산업에서도 앞서나갈 수 있는 것이다.

한강의 기적이라 불리며 지난 세기 압축 성장을 통해 발전한 한국. 과거에는 관치금융을 통해 몇 개의 대기업에 자금을 몰아주고, 국가가 주력산업을 선정해 기업의 성장을 도왔고 이는 괄목할만한 성장으로 이어졌다. 잿더미에서 일어서 1인당 GDP 2만 달러까지 도달하는 데에는 이런 성장 전략이 통할 수 있었다. 하지만 고도 성장기를 끝내고 성숙기에 접어든 한국 경제는 벌써 10년 가까이 2만 달러 대에 멈춰 있다. 이제는 경제 시스템에 다른 패러다임을 적용해야 한다. 예전처럼 국가가 자원을 배분하고 성장계획을 세우고 주력업종에 분배하는 시스템으로는 21세기 4차 산업혁명의 시대에서 낙오될 수밖에 없다. 미국처럼 기업가정신으로 무장한 젊은이들이 마음껏 실력을 발휘해서 아이디어가 제품이 되고, 세계적인 기업으로 커나갈 수 있는 바탕을 만들어줘야 한다.

부패나 정정유착을 용납하지 않는 공정한 경쟁과 보상체계도 필요하다. 학벌을 따져서도 혈연, 지연에 집착해서도 안 된다. 합리적으로 사고하고 실패를 두려워하지 않는 문화도 필요하다. 국가에서는 자유로운 시장경제 시스템을 구축하되 대기업의 독점을 막아서 미국처럼 청년 창업가들이 설 수 있는 기반을 조성해줘야 한다. 10년째 선진국의 문턱에서 성장통을 겪고 있는 한국 경제는 이제 새로운 패러다임으로 승부해야 한다. 기업가정신과 창의력으로 인공지능, 로봇, ICT 융합 같은 새로운 먹거리를 개척하고 있는 미국처럼 새로운 시대를 준비해야 한다. 정부가 앞장서고 민간이 함께 노력해야 한다.

팍스 아메리카나. 미국에 의한 세계질서 또는 미국의 유일 패권 시대를 일컫는 말이다. 2차 대전 후 대영제국으로부터 패권을 가져온 후로 미국은 70년 이상 세계 최강대국 지위를 유지하고 있다. 제조업의 부활과 셰일혁명, 그리고 첨단산업을 부흥시키며 미국은 다시 부활하고 있다. 하버드대학교의 조지프 나이 교수를 비롯한 국제정치 전문가들은 미국의 세기가 아직 끝나지 않았고 최소한 이삼십년은 더 갈 수 있다고 말한다. 2030년 무렵 중국 경제가 규모면에서는 미국을 앞지를 것으로 예상되나 1인당 GDP 등 실질적으로 중요한 경제지표에서는 여전히 미국을 따라잡을 수 없을 것으로 예상된다. 게다가 경제력뿐만 아니라 군사력, 문화로 상징되는 소프트파워 등 종합국력에서는 미국이 오랜 기간 동안 세계 패권국의 자리를 유지할 것으로 전망된다. 분단된 현실 속에서 미국과 정치·경제적으로 밀접한 관계를 맺고 있는 한국은 미국이 부활하는 시대에 걸맞은 외교 및 경제 전략을 서둘러 마련해야 할 것이다.

〈미국의 부활〉 3부작 다큐멘터리가 제작되고 책이 나올 때까지 많은 분들의 헌신과 노고가 있었다. 프로그램의 방향을 잡고 기획을 다듬어 주신 임세형, 양홍선 선배께 감사의 말씀을 드린다. 몇 달 동안 만삭의 몸을 이끌고 고생한 강지희 작가, 궂은 일을 도맡아 한 박혜수 리서처와 서민우 조연출 등 여러 스태프들의 노력이 있어서 좋은 프로그램과 책이 나올 수 있었다. 〈슈퍼차이나〉, 〈부국의 조건〉을 거쳐 〈미국의 부활〉까지 출판을 맡아준 가나출판사 편집부에도 감사를 전한다. 마지막으로 언제나 곁을 지키며 마음으로 응원해준 딸 주희와 아들 현종이, 아내 박은아 씨에게 이 책을 바치고 싶다.

2016년 9월 KBS 기획제작국 **김영철**

혁신을 만들어내는 기업가정신과 문화

'엘론 머스크를 만날 수만 있다면….'

상상만으로도 흥분되는 그 떨림으로 2015년 여름, 〈미국의 부활〉 '첨단산업의 리더'편 제작을 시작했다. 영화 〈아이언 맨〉의 주인공인 토니 스타크의 실제 모델로 알려진 엘론 머스크는 영화 속 주인공만큼이나 세계적으로 주목받는 인물이다. 세계를 놀라게 한 전기자동차 테슬라는 그의 혁신적인 사업 계획들 중 시작에 불과했다. 엘론 머스크는 지속가능한 에너지 생산을 위해 태양광 패널 제조업체인 솔라시티(SolarCity)를 설립, 지구촌 전체 인구가 사용하고도 남는 충분한 에너지를 만들겠다고 선언했다. 또한 그는 스페이스 엑스를 설립하여 10년 내에 인간을 화성에 보내겠다는 파격적인 발표도 했다. 인류를 환경오염과 자원고갈의 위기에서 구하기 위해 이런 사업을 시작했다는 엘론 머스크는 자신의 상상을 거침없이 실현시켜 나가는 진정한 혁신가이자 탁월한 사업가임에 틀림없었다.

나의 시각에서 보자면 그는 분명 부러움의 대상이자 동경의 대상이었다. 취재가 거듭 될수록 엘론 머스크라는 기업가를 배출해 낸 미국이란 사회가 더 큰 무게로 다가왔다.

스티브 잡스, 빌 게이츠, 마크 저커버그….

전 세계는 이들이 만든 혁신적인 기술로 새로운 사회로 진입하였으며 수많은 산업과 직업이 생겨났고 천문학적인 수익도 창출되었다. 수많은 부정적인 이미지가 존재함에도 불구하고 미국을 긍정적인 시각으로 바꿔놓은 것은 이런 혁신적인 사업가들이 끊임없이 배출된다는 것이다. 더욱 질투가 나는 대목은 '인간을 보다 이롭게 만드는 기술을 개발하는 것을 목표로 한다'는 이들의 범인류적인 사업 철학이다.

'첨단산업의 리더'편은 제작 내내 막막함의 연속이었다.

'매 시대마다 세상을 변화로 이끈 첨단산업들은 왜 미국에서 탄생하는 것인가?'

우리의 기나긴 제작 여정은 이 의문에 대한 답을 얻기 위한 과정이었다. 그리고 그에 대한 단면을 실리콘밸리와 혁신적인 인재를 길러내는 대학에서 찾았다. 미국에서 만난 데니스 홍 교수는 "한국의 교육은 정답을 맞히는 교육인 반면 미국은 정답이 없는 교육을 한다"라고 했다. 미국의 교육은 끊임없이 "왜?"라는 질문을 하며 그것을 스스로 해결해가는 교육이란다. 생각의 힘이 새로운 아이디어를 낳고 그 아이디어를 존중하고 격려하는 문화를 가진 나라가 미국이라고 했다.

실리콘밸리는 생각을 사업으로 실현케 하는 마당이며 인종이나 국가를 구별하지 않는다. 전 세계 엉뚱하고 무모해 보이는 수많은 젊은 공학도들이 실리콘밸리로 모여드는 이유다. 가치 있는 기술이고 지속가능한 사업이면 모든 것이 지원되는 시스템이 갖춰져 있다.

엄격히 말해 미국은 부활한 적이 없다. 단지 한때 어려움을 겪었을 뿐이다. 이 책이 변화하는 미국을 이해하고 새로운 기회를 발견하는 데 작은 도움이 되길 바란다.

2016년 9월 JK 미디어 **장강복**

KBS특별기획
미국의 부활

초판 1쇄 발행 2016년 9월 30일
초판 2쇄 발행 2016년 10월 15일

지 은 이 | KBS 〈미국의 부활〉 제작팀

펴 낸 곳 | (주)가나문화콘텐츠
펴 낸 이 | 김남전
기획부장 | 유다형
기획·책임편집 | 이정순
본문구성 | 김미조
교정교열 | 김계옥
기획1팀 | 이정순 서선행
디 자 인 | 손성희 정란
마 케 팅 | 정상원 석철호 한웅 김태용 정용민
경영관리 | 임종열 김다운 박희제
인쇄·제책 | ㈜백산하이테크

출판 등록 | 2002년 2월 15일 제10-2308호
주   소 | 경기도 고양시 덕양구 호원길 3-2
전   화 | 02-717-5494(편집부) 02-332-7755(관리부)
팩   스 | 02-324-9944
홈페이지 | www.ganapub.com
이 메 일 | admin@anigana.co.kr

ISBN 978-89-5736-864-0 03320

가나출판사는 당신의 소중한 투고 원고를 기다립니다. 책 출간에 대한 기획이나 원고
가 있으신 분은 이메일 ganapub1@naver.com으로 보내주세요.